SEMILLA

Los 7 pasos fundamentales para iniciar

tu propio negocio

Wayne Fox

Copyright © 2014 por Wayne Fox. Reservados todos los derechos. Ninguna parte de este libro puede reproducirse de ninguna forma sin el permiso por escrito del autor. Los revisores pueden citar breves pasajes en las reseñas.

Descargo de responsabilidad y descargo de responsabilidad de la FTC
Ninguna parte de esta publicación puede reproducirse ni transmitirse de ninguna forma ni por ningún medio, mecánico o electrónico, incluidas fotocopias o grabaciones, ni mediante ningún sistema de almacenamiento y recuperación de información, ni transmitirse por correo electrónico sin el permiso por escrito del editor.

Si bien se han hecho todos los intentos para verificar la información proporcionada en esta publicación, el autor no asume ninguna responsabilidad por errores, omisiones o interpretaciones contrarias del tema aquí tratado.

Este libro es sólo para fines de entretenimiento. Las opiniones expresadas son responsabilidad exclusiva del autor y no deben tomarse como instrucciones u órdenes de expertos. El lector es responsable de sus propias acciones.

El cumplimiento de todas las leyes y regulaciones aplicables, incluidas las licencias profesionales internacionales federales, estatales y locales, las prácticas comerciales, la publicidad y todos los demás aspectos de hacer negocios en los EE. UU., Canadá, el Reino Unido o cualquier otra jurisdicción es responsabilidad exclusiva del comprador o lector.

El autor no asume ninguna responsabilidad u obligación alguna en nombre del comprador o lector de este material.

Cualquier desaire percibido hacia cualquier individuo u organización es puramente involuntario. A veces utilizo enlaces de afiliados con el contenido del libro. Esto significa que al realizar una compra recibiré una comisión de venta. Esto, sin embargo, no significa que mi opinión esté a la venta. Todos los enlaces de afiliados que figuran en el libro son los servicios y productos que he utilizado y que he encontrado útiles. El lector o comprador debe hacer su propia investigación. antes de realizar una compra en línea.

Contenido

1. Introducción
2. ¿Realmente quieres iniciar un negocio?
3. La deprimente realidad
4. Conozca su personalidad y construya su plan en torno a ella.
5. ¿Qué significa?
6. ¿Qué tipo de negocio?
7. entenderte
8. Las opciones para iniciar un negocio
9. Identifique a sus clientes objetivo
10. ¿Cómo alcanzarás tu objetivo?
11. Las finanzas
12. Elija una estructura legal
13. Configurando el negocio
14. Entrega de servicios
15. Probar y perfeccionar el modelo
16. Ponga en marcha un plan.
17. Obstáculos
18. Conclusión
19. Sobre el Autor

Introducción

¿Alguna vez has querido iniciar un negocio, pero no sabías por dónde empezar? ¿Quizás le faltaban algunas piezas en su "rompecabezas de negocios"?

Hay muchos libros que ofrecen consejos útiles sobre cómo iniciar un negocio, pero la mayoría están escritos por personas que nunca lo han hecho ellos mismos, o los llamados "profesores de negocios". No tengo nada en contra de esta gente ni de su trabajo. De hecho, admiro su pasión por lo que hacen, pero hablar de ello y hacerlo realmente son dos cosas muy diferentes.

Decidí escribir este libro por dos razones. En primer lugar, porque pude ver una necesidad en el mercado. Hay muchas personas con ideas de negocios, pero que carecen de todas las piezas del rompecabezas y, por lo tanto, luchan por hacer que las cosas avancen en la dirección correcta.

En segundo lugar, como he estado sumergido en el mundo de los negocios toda mi vida, y es una gran pasión mía en la que tengo la suerte de haber tenido cierto éxito, pensé que me gustaría transmitir mi experiencia para ayudar. otros para hacer realidad sus sueños.

Me atrevo a decir que quizás leas otros libros escritos por gente de negocios con experiencia que te digan que hagas las cosas de una manera ligeramente diferente a la que yo haré, y eso también está bien. No pretendo ser un dios de los negocios. Sólo te estoy contando lo que he aprendido con la esperanza de que tú también puedas lograr un poco de éxito. Todos estamos en un viaje de aprendizaje y probablemente modificaré más mi libro más adelante si aprendo una manera un poco mejor de hacer algo. Dado que la tecnología evoluciona más rápido de lo que puedo atarme los cordones de los zapatos, eso es muy posible.

Iniciar su negocio puede ser una experiencia increíble. Estás a cargo de tu propio destino. Es el tipo de experiencia que, una vez que comienzas, nunca querrás volver a ser un esclavo asalariado. Espero que este libro te ayude a iniciar tu camino.

¿Realmente quieres iniciar un negocio?

¿Eres autodisciplinado? ¿Puedes pensar estratégicamente? ¿Eres un solucionador de problemas? ¿Eres persistente? ¿Eres ambicioso?

Si está contento de conformarse sólo con lo que hay disponible, lo más probable es que alguien se lo quite. Si has visto *Dinastía* (la serie de televisión), tienes una idea de cómo funciona el mundo empresarial. Excepto que yo diría que es un poco más amigable en el mundo real y menos engañoso, así que no se obsesione demasiado con esta idea del mundo de los negocios. Si las cosas sucedieran igual que en la serie de televisión, los negocios no durarían mucho, ya que nadie confiaría en ti. Como descubrirá, la mayor parte del éxito empresarial está dictado por la confianza.

Los negocios son un mundo feroz; Si no estás preparado para luchar por lo que crees, no empieces. Definitivamente necesitas un equipo de personas a tu alrededor para construir un negocio exitoso.

Se puede construir un negocio mediocre, pero incluso eso es poco probable. Por ejemplo, ¿qué sucede cuando chocas contra una pared de ladrillos, algo que probablemente sucederá ocasionalmente?

¿O tal vez te encontrarás con un problema? Si no eres persistente o no sabes resolver problemas, lo más probable es que te rindas.

Si no eres autodisciplinado, ¿quién te controlará cuando haya trabajo por hacer pero prefieres consultar Facebook o ver algún reality show en la televisión?

La deprimente realidad

Si va a iniciar su propio negocio, es bueno que conozca algunas estadísticas sobre el mundo al que está a punto de ingresar. Este es un capítulo breve que trata sobre los hechos y estadísticas alarmantes sobre la creación de empresas. Algunos podrían ver esto como algo negativo, pero si eres como yo, lo usarás como una herramienta de motivación para demostrar que no eres parte de estas estadísticas. También se trata de prepararse para reducir cualquier responsabilidad personal en caso de falla.

¿Puedes ser excepcional?

El 90% de los nuevos negocios fracasan en los primeros cinco años. Eso significa que si sólo el 10% de las empresas lo logran, entonces debes ser excepcional en lo que haces. Ser excepcional en lo que hace significa más que entregar un producto o servicio.

Ser excepcional significa ser el mejor en crear algo que el cliente quiere, dejar que suficiente gente lo sepa a través de sus esfuerzos de marketing, lograr niveles fantásticos de ventas, hacer que los clientes llamen a su puerta para comprarlo, luego el producto también debe entregarse de manera excepcional. Entregado con cuidado pero también con calidad perfeccionista.

Cuando lo haya entregado, deberá administrar las finanzas, recibir un pago por lo que haga y, al mismo tiempo, ganar suficiente dinero para pagar todos los gastos generales y costos de su negocio.

Después de administrar las finanzas, probablemente tenga que resolver algunos problemas de soporte, esto es lo que yo llamo la infraestructura del negocio, pero cubren cosas como el funcionamiento de las instalaciones comerciales, el funcionamiento adecuado de los sistemas, la clasificación de los problemas de TI y, simplemente, asuntos generales. problemas que probablemente desearías que alguien más pudiera resolverlos. Si alguna vez ha trabajado en una empresa más grande, estos son el tipo de cosas que da por sentado, pero que son esenciales para mantener el negocio en funcionamiento.

¿Aún crees que puedes ser excepcional?

No conocemos las estadísticas exactas de por qué fallan, pero las razones más comunes son:

- Falta de planificación
- No ser persistente

- Propietarios desilusionados (los fundadores ganan menos que si tuvieran un puesto por cuenta ajena)

- Concentración excesiva de recursos o enfoque en uno o dos clientes.

- Mal control de las finanzas y gestión del flujo de caja.

- Pasión perdida en el negocio.

Un fundador de startup típico tendrá:

- 1-2 meses de salario en ahorros

- Experiencia práctica, pero muy poca experiencia en todo el negocio y los procesos involucrados.

- Una actitud similar a "Si puedo hacerlo trabajando para él, puedo hacerlo trabajando para mí"

En este punto, creo que es importante enfatizar que si no te gusta cómo suena esto hasta ahora y crees que iniciar un negocio ya no es para ti, es justo. El objetivo de llevarlo a este viaje fue mostrarle primero las desventajas para que, a partir de este momento, todo le ayude a construir un negocio exitoso, siendo siempre consciente de los aspectos negativos. Podría haber empezado contándote lo maravillosa que es la vida, pero tú habrías creado tu negocio con una mentalidad completamente diferente. Lo prepararías para que fracasara ante la primera decepción.

Hay algunas opciones disponibles para iniciar un negocio. No te desanimes. Probablemente todavía exista otra manera de hacer realidad sus sueños. Sigue leyendo y te mostraré cómo.

Conozca su personalidad y construya su plan en torno a ella.

He insertado un enlace al final de este capítulo. Esto te dará una prueba rápida de dos minutos y te ayudará a identificar el tipo de personalidad que tienes. Es posible que haya oído hablar antes de los perfiles de personalidad; es posible que lo haya hecho en la escuela, colegio o universidad, o si su empleador fue inteligente, probablemente lo hizo con ellos. Sin embargo, la mayoría de los sistemas de creación de perfiles no le dicen qué hacer con ese conocimiento una vez que lo tiene.

Al conocer tu personalidad, podrás identificar en qué tipo de roles serás más fuerte. No significa que serás un desastre en lo demás, pero es mejor concentrarte en aquello en lo que eres más fuerte. Muchas personas se centran en sus habilidades más débiles y luego se preguntan por qué no tienen mucho éxito. Tienes puntos fuertes por una razón, así que úsalos.

Como ejemplo de esto, se nos enseña a concentrarnos en nuestras debilidades desde una edad temprana, durante nuestros años escolares. Seremos pobres en algo y nos darán trabajo extra para hacer en casa, tal vez algunas clases adicionales para desarrollar nuestro conocimiento de algo en lo que no somos buenos. Lo más probable es que simplemente no estemos interesados en ese tema en particular, pero por alguna razón nos enseñan que tenemos que ser buenos en todo o seremos un fracaso.

¿Y qué pasaría si fuéramos buenos en una sola materia? En este ejemplo de escuela, supongamos que somos buenos aprendiendo idiomas.

Si centráramos todos nuestros años escolares en ese único tema, probablemente hablaríamos varios idiomas con fluidez y nos destacaríamos en las comunicaciones en el futuro. Piense en los trabajos disponibles para personas que pueden comunicarse en varios idiomas.

En cambio, tenemos que centrarnos en aquellas materias en las que éramos malos y, finalmente, salimos de la escuela con calificaciones promedio en cada materia. El mismo ejemplo se aplica a los tradicionales exámenes de fin de semestre. Aunque existen otras formas de medir el éxito académico, una de las más utilizadas son los exámenes de fin de semestre.

A menos que seas bueno memorizando cosas, serás bastante malo en los exámenes, pero ¿por qué hay tanto énfasis en esta forma o en probar y medir el éxito académico si este es el caso? Puede que seas brillante resolviendo problemas en el acto y pensando rápido, pero no hay un examen para eso, así que debes ser un fracaso, ¿verdad?

Equivocado. Si te evalúas en función de las fortalezas de otra persona, es posible que parezcas un fracaso en comparación con esa persona. Entiendo mis propias fortalezas, soy una persona creativa por naturaleza y puedo darte 1000 soluciones para 10 problemas. Sé que mi fortaleza está en usar mi naturaleza creativa y estratégica para ayudar a otras personas. Era bastante basura en la escuela y obtuve algunas calificaciones promedio, siendo Matemáticas mi mejor materia.

La única razón para obtener una calificación decente en esta materia fue porque la mitad de la calificación se midió en un proyecto de clase, mientras que la otra mitad fue el examen de fin de año. Obtuve un 98% de aprobación en el proyecto de clase, el mejor de la clase, pero apenas aprobé el examen.

Aunque puedo desarrollar muchas habilidades necesarias en los negocios, sé que no soy tan fuerte como las personas que se especializan en otras áreas.

Por ejemplo, sé que necesito a alguien que se centre en las ventas, alguien que se centre en los detalles de la entrega del servicio o producto y tal vez alguien que construya mis sistemas administrativos y mi infraestructura de TI.

La gente suele ver mi historial empresarial de crecimiento de empresas muy rápidamente y esperan que sea un vendedor de alto rendimiento. Si bien puedo vender, soy bastante promedio en la habilidad de persuasión. Mi éxito en hacer crecer negocios rápidamente se debe a las estrategias que he utilizado, son mi conjunto de habilidades y son las que mantengo ahora.

Siempre que me he alejado de mi propia habilidad y me he centrado en algún otro tipo de habilidad en la que no soy fuerte, las cosas no me han ido bien. Es un poco como cuando ves a los gurús en Internet ofreciéndote enseñar cómo convertirte en millonario de bitcoins.

Sé que intentar intercambiar bitcoins sería un desastre, no es mi habilidad, no tengo la atención necesaria a los detalles, por lo que si intentara emular el éxito de otra persona en ese campo, terminaría pasando por alto algo. importante y probablemente acabe en quiebra.

Todo esto se reduce a la autoconciencia, y ese proceso comienza con la comprensión de su perfil de personalidad. Al realizar el siguiente test de personalidad, comenzará el camino hacia su propio éxito y comprenderá mejor su próximo paso. Esta es probablemente la parte más importante de su futuro y podría ahorrarle muchos exámenes de conciencia, así como algunos desastres en el futuro.

Aquí está el enlace. Ir a www.geniusu.com. Tardará dos minutos y es gratis. Es muy importante que realices el examen en línea antes de continuar con el libro.

¿Qué significa?

Quizás hayas notado que hay numerosos videos en el sitio web del enlace que te informan sobre tu tipo de personalidad y lo que significa. Esperemos que te hayas tomado unos minutos para verlos y entenderlo un poco mejor. Para nuestro propósito, los resumiremos a continuación y comprenderá lo importante que es que utilicemos esto para seguir adelante. Como probablemente ya sabrá, la prueba de elaboración de perfiles fue algo que desarrolló el también empresario y autor de negocios Roger Hamilton, y es la única prueba que he encontrado que le ayuda a comprender lo que significa su resultado.

He llevado los significados más allá para que puedas comprender mejor tu perfil y cuáles son las mejores opciones para seguir adelante con tu idea de negocio. Me encantaría saber de ti y saber cuál es tu genio, ya que esto es algo que realmente me interesa y, quién sabe, tal vez incluso podamos trabajar en algo juntos.

Genio del dinamo

Desarrollar conceptos e ideas en un modelo de negocio físico.

Fortalezas:

- Creando cosas
- Inventar cosas
- Mejorar las cosas y hacerlas mejores
- Estrategias y resolución de problemas.
- Innovación

Tipo de negocio ideal:

- Nuevo negocio, o un negocio al que puedes agregar nuevos productos y servicios

genio del fuego

Vender, construir canales de venta y rutas de acceso al mercado.

Fortalezas:

- Gente
- Relaciones
- Promoción

Tipo de negocio ideal:

- franquicia de ventas
- Promocionar una marca
- Marketing de afiliados o de red
- Relaciones públicas
- Cualquier negocio donde puedas incrementar sus canales de venta.

Genio del tempo

Entregar el producto o servicio

Fortalezas:

- Ojo para el detalle y la calidad.
- Gestionar las cosas sobre el terreno

Tipo de negocio ideal:

- Franquicia de servicio (tenga en cuenta que necesitará un vendedor sólido si no proporciona clientes)

Genio del acero

Simplificar y sistematizar el negocio

Fortalezas:

- Análisis
- Simplificar
- sistematizar

Tipo de negocio ideal:

- Negocio de análisis, consultoría o proveedor de sistemas
- Servicios financieros
- Servicios Legales

¿Qué tipo de negocio?

Entonces, según tus resultados, ¿qué tipo de negocio deberías elegir?

Hay una serie de oportunidades disponibles para usted, cada una con aspectos positivos y negativos. Veremos cada uno por separado.

- comprar una franquicia
- Empezar desde el principio
- comprar un negocio
- Sea un intraemprendedor

comprar una franquicia.

Positivos: un sistema probado, una marca reconocida, soporte empresarial

Negativos: No se pueden cambiar las cosas, no se pueden agregar servicios o productos a la oferta existente, puede suponer un gran costo inicial para comprar la franquicia. La mayoría de las veces necesitas desarrollar tu propia base de clientes.

Empezar desde el principio.

Positivos: Puedes crear tu propio modelo de negocio.

Negativos: estrategia de mayor riesgo, alta tasa de fracaso, falta de reconocimiento de marca, posibilidad de perder su inversión muy rápidamente, crear una base de clientes desde cero

comprar un negocio.

Positivos: una base de clientes existente, un nombre y reputación comercial reconocidos, estructurar la compra de acuerdo con las ganancias futuras, bajo riesgo si se gestiona adecuadamente y el negocio tiene una buena reputación.

Negativos: riesgo de alienar a clientes anteriores, posiblemente asumir los problemas de otra persona, riesgo de que algún miembro del personal se vaya con el antiguo propietario, es necesario haber dirigido un negocio similar antes

Sea un intraemprendedor

Ser intraemprendedor significa hacer algo dentro de un negocio existente. Esto significa asociarse con el propietario de un negocio establecido y utilizar sus habilidades para ayudarlo en su viaje, a cambio de una parte de la propiedad de ese negocio.

Aspectos positivos: base de clientes establecida, equipo de empleados al que puede recurrir cuando lo necesite, la empresa tiene un historial y una reputación establecidos.

Negativos: No tienes tu "marca" encima de la puerta, no eres dueño del 100% del negocio.

entenderte

Aparte de la prueba de personalidad, esta sección realmente le ayudará a comprender dónde encajan los resultados de su prueba y quizás dónde debería buscar una oportunidad. Si ya tiene una industria/negocio en mente, puede omitir esta sección o utilizarla como punto de referencia.

- ¿Cuáles son sus puntos fuertes?

- ¿Qué roles has disfrutado en el pasado?

- ¿Sabes por qué disfrutaste haciéndolos? Quizás fue la interacción de la gente, o quizás más que te gusta estar organizado y tener organizados a todos los que te rodean.

- ¿Qué experiencia tiene usted?

Si ha trabajado durante algunos años en una industria en particular, sabrá cómo funciona en un nivel u otro (ya sea la entrega práctica o el proceso administrativo). De cualquier manera, usted tiene algún conocimiento interno (y probablemente algunos contactos) en esa industria.

Si no tiene experiencia en esa industria (es decir, tal vez sea un soldado retirado, un graduado, un desertor de la escuela secundaria, etc.), entonces tiene dos opciones:

1. Encuentre empleo remunerado y aprenda sobre una industria en particular,

    o

2. Mire más profundamente sus pasatiempos e intereses.

De cualquier manera, necesitas pasión en esa industria. Si le falta pasión en la industria en la que trabaja, probablemente se rendirá cuando los tiempos se pongan difíciles (lo cual sucederá).

¿Por qué quieres iniciar un negocio?

Si es por dinero…. ¡DETENER! El viaje será demasiado difícil para usted y probablemente lo perderá todo mucho antes de ganar algo parecido a la cantidad de dinero que gana ahora en su trabajo de tiempo completo.

Si es por la libertad... ¡DETENTE! El mayor mito es que serás libre. En lugar de tener un jefe al que mantener feliz, ahora tendrás 50, 100, 150 o más, todos esperando que los satisfagas AHORA MISMO. Cada cliente creerá que es su dueño. ¡Te están pagando, así que será mejor que estés preparado para besarles el trasero!

Hasta que no tengas un equipo de gestión completo y, en general, alguien que te "bese el trasero" (o el equivalente en personal virtual subcontratado), trabajarás 18 horas al día, 7 días a la semana. Sin embargo, podrás trabajar las 18 horas del día que desees.

Por ejemplo, puedes elegir trabajar de 6 a. m. a medianoche o, si lo deseas, de 5 a. m. a 11 p. m. Oye, no podrías hacer eso en un empleo regular;

no menosprecies esa libertad. Recuerda: ¡es lo que querías!

Las opciones para iniciar un negocio

Según su tipo de personalidad, he enumerado las oportunidades disponibles para usted y, en mi opinión, las mejores opciones para mejorar sus posibilidades de éxito.

Genio del dinamo-

Compra un negocio.

- Crear un nuevo servicio o mejorar productos y servicios existentes. Asegúrese de contar con un equipo de administración para gestionar la entrega y asegurarse de que la empresa pueda cubrir sus gastos. No trabajarás "en" el negocio. No intente trabajar "en" el negocio; Este no es tu punto fuerte y sólo serás infeliz y fracasarás.

Empezar desde el principio.

- Según su experiencia en la industria, mejore algo dentro de esa industria.

Compra una franquicia.

- Esta opción te hará muy infeliz. No podrá expresar su creatividad y el negocio fracasará inevitablemente, llevándose consigo su inversión.

genio del fuego-

Compra un negocio.

- Aumente los canales de venta y promueva el negocio de todas las formas posibles.

Asegúrese de contar con un buen equipo de entrega o su calidad se verá afectada.

Empezar desde el principio.

- Tome una marca existente y multiplique sus canales de venta. El marketing de afiliación o de red podría ser beneficioso para usted. Cambiar una industria o, literalmente, empezar desde cero no es para ti.

Compra una franquicia.

- Una franquicia de ventas es perfecta para ti. Le brinda una marca para promocionar, junto con sistemas probados y un modelo de negocio que le permitirán seguir adelante. Intente encontrar un modelo de franquicia que le elimine la mayor cantidad de papeleo posible y le deje tiempo libre para construir esas relaciones de ventas de vital importancia.

Genio del tempo-

Compra un negocio.

- Mejorar la calidad de la prestación del servicio. Asegúrese de contar con un buen equipo de ventas y muchos canales de venta.

Si las ventas se agotan, le resultará difícil mantener el negocio en funcionamiento, especialmente si no es un negocio bien establecido en la industria.

Empezar desde el principio.

- A menos que planee trabajar por cuenta propia y brindar servicios prácticos a empresas existentes, esta no es la mejor opción para usted. Tendrá dificultades para realizar nuevas ventas y su negocio tiene que ser un negocio imitador. No intentes cambiar el mundo; agotará tu energía. Para tener éxito en el modelo de trabajador autónomo, necesita un equipo de ventas sólido y los sistemas que garanticen que pueda hacer crecer el negocio a medida que agrega más personal práctico.

Compra una franquicia.

- Una franquicia de servicios es perfecta para ti. Te brinda una marca reconocida. Si compra la franquicia adecuada, no tendrá que preocuparse por realizar ventas. Trabajará en un modelo de negocio probado y rentable.

Con este modelo usted puede concentrarse en entregar productos o servicios de buena calidad, de acuerdo con la capacitación que el franquiciador le ha dado. Siempre que sea posible, trate de encontrar un negocio de franquicia que no necesite que usted "venda" el negocio. Algunos proveedores de franquicias desempeñan esta función de forma centralizada.

genio del acero-

Compra un negocio.

- Un negocio en etapa inicial es la mejor oportunidad para usted. Si tiene experiencia en gestión, un negocio de recuperación podría ser adecuado. Muchas pequeñas empresas fracasan porque intentan crecer sin implementar primero los sistemas y la estructura administrativa. Su naturaleza analítica es fuerte en esta área. Analice el negocio, simplifíquelo y mejórelo implementando los procesos y sistemas para mejorarlo.

Es bastante común que este tipo de personalidad trabaje con un tipo dinamo y convierta el negocio en una marca de franquicia. Muchos inversores empresariales también tienen este tipo de personalidad.

Empezar desde el principio.
- Este es probablemente el negocio más difícil de lograr. El mejor tipo de negocio para iniciar sería uno con ventas automatizadas, como un negocio en línea donde se necesita un contacto mínimo cara a cara para realizar una venta.

Prefiere la simplicidad y algunos clientes ven este enfoque como atrevido.

Para tener éxito en este modelo, necesitará una idea/modelo de negocio probado. Necesitará el canal de ventas y necesitará gente práctica que entregue los productos. Entiende que tu fortaleza está en transformar "cosas que ya funcionan" en "cosas que funcionan de maravilla, con menos piezas".

Si tiene experiencia en codificación informática, la creación de aplicaciones y plataformas basadas en Internet puede ser una ruta a elegir, pero trabaje con un dinamo o un genio para comprender lo que quiere el cliente y qué tipo de problema está resolviendo, o de lo contrario podrías terminar creando una solución para un problema que en realidad no existe.

Compra una franquicia.

- Esta no es la mejor opción para usted, se aburrirá muchísimo y trabajará en un sistema que ya está probado. No tendrá nada que hacer y no podrá mejorar los procesos comerciales.

Mucha gente piensa que la única opción para iniciar un negocio es tomar la ruta obvia y empezar desde cero. En realidad, este es el más arriesgado. Si su personalidad encaja, explore más a fondo la franquicia o las opciones de compra del negocio.

Aunque el costo inicial puede parecer incómodo, los resultados finales podrían hacerlo más viable. No se desanime por el factor de costo inicial.

Comenzar desde cero le costará mucho más dinero para llegar a la misma etapa comprobada con el mismo conocimiento de marca en su mercado que las otras dos opciones. Quizás pienses que es posible iniciar un negocio por muy poco costo si lo haces desde cero, pero créeme, te costará mucho más dinero de lo que esperas.

También le llevará muchos años construir su marca y probablemente le resultará muy difícil incluso encontrar clientes. Yo mismo estuve allí. Como emprendedor que "empieza desde cero", también habrá poco o ningún apoyo financiero para su negocio, mientras que tanto las franquicias como los negocios existentes son modelos de negocios probados con bancos y otros financistas más dispuestos a prestar dinero en función de los resultados financieros de cada negocio. hasta la fecha.

Cualquiera que sea su tipo de personalidad, necesitará que otros lo apoyen. Esto puede ser directamente a través de sus amigos y familiares que lo ayudan físicamente, u otros empresarios que trabajan en asociación con usted. También puede ser un soporte indirecto mediante el cual usted utiliza los sistemas, marcas y modelos de negocio ya creados por otra persona para brindarle soporte.

Un ejemplo básico de apoyo indirecto son las plataformas de redes sociales como Facebook o

LinkedIn, que proporcionan una plataforma que le permite promocionarse a sí mismo y a su empresa ante una audiencia masiva.

Otro ejemplo de apoyo indirecto es el software de contabilidad o control de inventarios. Cuando su empresa esté lista para estos, asegúrese de utilizarlos. Pueden parecer caros, pero ahora puedes pagar mensualmente la mayoría de ellos. Sin ellos, su negocio nunca crecerá lo suficiente como para liberarlo de su ciclo de demanda de 18 horas al día.

Identifique a sus clientes objetivo

Bien, antes de que te dejes llevar y empieces a correr antes de que puedas caminar, debemos empezar por el principio.

Entonces tienes tu idea de negocio. Ahora necesitas probar el modelo de negocio. Si ha elegido comprar un negocio o una franquicia, entonces alguien ya ha hecho esta parte por usted.

De lo contrario, es necesario trabajar en el modelo para asegurarse de que sea rentable a pequeña escala, preferiblemente uno o dos clientes pequeños, antes de tirarle bolsas de dinero para escalarlo.

Como ocurre con muchas cosas, persiste en ello. Mucha gente espera el éxito de la noche a la mañana y se rinde cuando no sucede. Puedo garantizar que no sucederá de la noche a la mañana. Manténgase ahí, crea que puede suceder y, eventualmente, encontrará el enfoque correcto y probablemente también la audiencia adecuada.

De manera similar, al comprar un negocio o una franquicia, aún necesita saber quién es su público objetivo. Aquí hay algunas preguntas que debería hacerse durante esta etapa del proceso:

- ¿Se dirige a clientes empresariales (B2B) o consumidores (B2C)?

- ¿A quién utilizan actualmente sus clientes para satisfacer sus necesidades?

- ¿Cuánto pagan sus clientes por esto?

- ¿Le resulta rentable vender entre un 5% y un 10% por debajo de estos precios?

- Si cobra entre un 5% y un 10% menos que sus competidores, ¿puede darse el lujo de contratar a otra persona para que preste ese servicio en su nombre y aun así hacer que su negocio sea rentable o valga la pena?

- ¿Hay algo que pueda agregar a los servicios/productos de su competencia que pueda complementarlos y al mismo tiempo permitirle ingresar al mercado asociándose con ellos?

- ¿Entonces ha elegido el precio como diferenciador? - Aparte del precio, ¿por qué el cliente cambiará hacia usted, un negocio no probado?

- ¿De qué otra manera, además del precio, podría diferenciar su oferta comercial de la de sus competidores?

Realmente no soy partidario de competir en precio, aunque he estado ahí como una empresa establecida en muchas ocasiones.

En lugar de empezar desde cero y competir en precio, creo que es mejor intentar trabajar con un actor establecido en el mercado; de lo contrario, si ya hay dos actores en el mercado y comienzas un tercer negocio que atienda ese mercado, bueno, en el mejor de los casos. sólo lograrás una participación del 30% de ese mercado. Al agregar algo a un jugador existente no se diluye más el mercado y todos ganan.

Diferenciarse en precio puede conducir al desastre empresarial. Terminará en una guerra de precios con competidores que tienen bolsillos mucho más profundos y eventualmente acabarán con todo el valor en su industria. Con el tiempo, tendrá clientes que piensan que pueden fijar su precio porque su enfoque les parece desesperado por su negocio.

Como empresa establecida, hace muchos años parte de nuestro negocio estaba involucrado en la construcción de casas nuevas, en sitios con más de 200 casas en cada sitio.

Estos contratos fueron buenos para desarrollar capacidad en el negocio, ya que cada sitio garantizaba que necesitaríamos una cierta cantidad de personal para cubrir ese sitio, durante un período de tiempo específico, que normalmente era al menos 12 meses.

Sin embargo, el problema era que realmente no ganábamos dinero con este tipo de contratos, ya que si bien teníamos relaciones a largo plazo con los clientes, siempre había alguien dispuesto a superarnos y trabajar por un precio más bajo a cambio de eso. período de trabajo garantizado. Un caso extremo de esto fue el de una de las empresas nacionales de construcción de viviendas, que, en lugar de que nosotros mismos pusiéramos el precio del contrato, nos enviaban un precio que luego nos pedían que descontáramos aún más.

El contratista ganador sería el contratista que les ofreciera el mayor descuento sobre el precio sugerido.

Cuando fijamos el precio del contrato nosotros mismos, determinamos que el precio que nos habían dado era, de hecho, nuestro precio de costo bruto (sin incluir gastos generales ni ganancias). Esto significaba que no habría ganancias, y si el contrato tuviera problemas o retrasos, ese costo adicional vendría de nuestro propio bolsillo.

Pero la cosa no terminó ahí: con la garantía de trabajar en una nueva ubicación particular, podríamos haber soportado ese riesgo. El problema era que el cliente esperaba que le rebajáramos aún más ese precio, lo que significaba que básicamente le estábamos pagando. Pero aquí es donde, tratar de posicionar su negocio como el precio más bajo, es donde eventualmente lo llevará.

Este cliente en particular era tan grande y confiaba tanto en enfrentar siempre a un proveedor contra otro, que terminó dictando cuánto se le pagaría a cada contratista.

Imagínese si cada proveedor eligiera la estrategia del "precio más bajo". El precio sería tan bajo que nadie ganaría dinero y todos los proveedores irían a la quiebra. Con un servicio/producto no rentable nadie querría ofrecerlo. Cada proveedor dejaría de formar personal en esa área del negocio y, a largo plazo, no habría nadie que lo impartiera.

Con el tiempo, todo se cerraría y habría una gran demanda de ese servicio/producto, pero nadie podría proporcionarlo. El valor de ese producto o servicio realmente se dispararía.

Ingenuamente, podrías pensar: "Está bien, estaré aquí cuando vuelva a aparecer. Eso no tiene sentido porque cuando la gente necesita algo que no está disponible, busca otras alternativas. Con nuevas tecnologías que surgen todo el tiempo, lo más probable es que esas alternativas funcionen". estar basado en la tecnología.

Como ejemplo, imagínese si los automóviles fueran tan caros que nadie los comprara. ¿Cómo viajarías? Eso es fácil. O caminarías, irías en bicicleta o tal vez alguien inventaría otro sistema de transporte, eliminando por completo la necesidad de usar automóviles. Entonces, mientras esos fabricantes de automóviles están sentados esperando que el proceso se complete, alguien más ha entrado y les ha quitado su mercado.

Si lo que está comprando es un negocio, deberá examinar la base de clientes existente, qué tipo de servicio se vende mejor y a qué tipo de cliente. Entonces tendrás que profundizar mucho en los números. Entro en muchos más detalles sobre cómo hacer esto en mi libro. *"The Momentum Framework: haga crecer su negocio y domine el mercado en cualquier economía".*

Tienes dos opciones aquí:

1. Concéntrese en vender más líneas más populares a clientes similares (es decir, identifique su objetivo).

   o

2. Concéntrate en el producto o servicio que no se vende tan bien y trata de entender por qué. Si sabes por qué, puedes modificarlo o cambiar tu enfoque. En este proceso de ajuste, también aprenderá más sobre su cliente objetivo ideal.

Mi atención inicial estaría en las líneas populares. Si tiene demanda y es rentable, vale la pena intentar comprender por qué tiene demanda y luego simplemente ampliar su alcance a compradores objetivo más similares.

Un ejemplo de esto podría ser un negocio de catering. Vendiendo servicios de catering a una variedad de clientes, su base de clientes estaba compuesta por un 70% de escuelas, un 20% de residencias de ancianos y un 10% de oficinas. Al utilizar la Opción 1, podría decidir abandonar su enfoque para las oficinas y optar por utilizar ese recurso para el sector escolar.

Suponiendo que el proceso de ventas sea el mismo para cada tipo de cliente, el negocio de catering debería poder ganar 7 veces más pedidos que cuando se acercaba al segmento de clientes más pequeño. Si sus recursos de ventas son limitados, lo cual debería serlo, ya que es esencialmente un gasto general para el negocio, esta es la estrategia a seguir. Necesita maximizar los resultados de cada uno de sus canales de venta.

Mirando la opción 2, miraríamos la 2$^{\text{Dakota del Norte}}$ mercado más grande (residencias de ancianos), y profundizar en las razones por las que sólo representa el 20% de las ventas.

Profundizar le ayudará a comprender que las residencias de ancianos solo han estado utilizando su negocio como respaldo, ya que ya cuentan con personal e instalaciones de catering internos. En este caso, ahora puede ajustar su enfoque a este segmento de clientes y proponer a las residencias la idea de subcontratar su departamento de catering, lo que incluiría beneficios como una reducción de las instalaciones de catering en el lugar, gestión de ausencias del personal, además de con una serie de cuestiones relacionadas con el cumplimiento y capacitación continua del personal.

Cuando haya reposicionado esta parte del negocio, podría haber otros mercados que se abran a una prestación de catering subcontratada.

Si está comprando un negocio, mi consejo sería centrarse inicialmente en los mercados y líneas de servicios más sólidos; Estas son las líneas de servicios/productos que mantienen el negocio en funcionamiento, por lo que, en última instancia, pagan el préstamo comercial, el personal, la hipoteca, los vehículos, los gastos, etc.

Cuando haya hecho esto, el negocio será mucho más sólido y tendrá libertad para mirar otros mercados, es decir, comenzar con la opción 2.

Al hacer esto, comience con el segmento de clientes más grande y luego avance hacia abajo. De esta manera seguirás fortaleciéndote a medida que avanzas. Es como sumar 10% a $1000, o 10% a

$10. ¿Qué preferirías a cambio de tu tiempo? Cuanto más exitoso sea un segmento de mercado, mejor podrá hacerlo y menor será el riesgo de fracasar al hacerlo.

En lugar de centrarse únicamente en el volumen de ventas, aborde este ejercicio desde la perspectiva de las ganancias. Son las ganancias las que mantienen el negocio en funcionamiento. El valor de las ventas simplemente mantiene a la gente en el empleo, y todos podemos ser tontos ocupados. Esa no es la parte inteligente del negocio. Probablemente descubrirá que el 80% de sus ganancias proviene de sólo el 20% de sus clientes.

Si bien el 80% menos rentable mantiene a las personas en su empleo, a medida que comience a comprender qué clientes/servicios/líneas de productos constituyen su 20% más rentable, tendrá el recurso adicional disponible para trasladar a su segmento de clientes más rentable. a medida que desarrolles esto más. Al hacer esto, significa que no simplemente descartamos el segmento de clientes del 80% menos rentable.

Si los segmentos de clientes menos rentables desaparecieran de la noche a la mañana, dañaría gravemente su negocio, además de perjudicar las posibles relaciones que el negocio ha construido durante un largo período de tiempo. También incurriría en grandes costos relacionados con el despido de personal, por lo que siempre es mejor evitarlo. Podría ser posible agregar algo a las líneas existentes de estos clientes que fácilmente duplicaría la rentabilidad de ese segmento.

Aquí no hay ningún secreto. Cada negocio será diferente, pero lo importante es comprender realmente a estos clientes y dónde están las ventas y ganancias en el negocio. Cuando tenga esa información, podrá tomar una decisión informada sobre cómo seguir adelante.

En el caso de un negocio basado en la ubicación, usemos un negocio hotelero como ejemplo. La mayoría de las empresas hoteleras se componen de diferentes segmentos de clientes que incluyen:

- Empresas/Contratistas
- Grupos de viaje/reservas de agentes
- Privado – dentro de un radio de 100 millas
- Privado – Mismo país, más de 100 millas de radio
- Privado – Internacional

Si clasifica y analiza sus segmentos de clientes de esta manera, es posible que vea que los grupos de viajes son los menos rentables, pero mantienen el negocio en funcionamiento durante la temporada baja. Del mismo modo, es posible que veas que los clientes que viajan desde el extranjero te cuestan el 30% de tu presupuesto de marketing, pero sólo te dan el 5% de tus ventas/beneficios. La respuesta obvia es abandonar el mercado internacional o buscar un agente de ventas que pueda reducir sus costos de marketing a este segmento y al mismo tiempo conseguirle reservas.

Si está comprando una franquicia, el enfoque de servicio ya estará probado. Existen reglas sobre cómo operar una franquicia y cómo abordar una oferta de mercado/servicio en particular. Será poco probable que puedas cambiar esto, aunque tendría que preguntarme por qué querrías cambiar un modelo de éxito probado. Después de todo, eso es esencialmente por lo que estás pagando.

Un franquiciador exitoso ciertamente no le permitirá cambiar en absoluto el enfoque del servicio. Por eso compras una franquicia. Los métodos se prueban y se implementan sistemas para ayudarlo a realizar el proceso de la manera más rápida y eficiente posible. Con esta opción, asegúrese de recibir capacitación incluida en cualquier tarifa inicial o por adelantado.

Solo para brindarle una comprensión más clara de la estructura de tarifas de un negocio de franquicia, normalmente estará compuesta de la siguiente manera:

- Tarifa inicial: pague una tarifa inicial para comenzar.

- Tarifa de administración continua: cubre todo tipo de servicios que dependen del franquiciador, pero puede incluir TI, soporte administrativo, mesa de ayuda, etc. Puede ser una tarifa fija o un porcentaje de sus ingresos por ventas.

- Tarifa de marketing: normalmente se destinará al conocimiento de la marca a nivel nacional o regional, como publicidad en revistas de la industria, publicidad en televisión o acercamiento a clientes nacionales. Algunas empresas de franquicia le eliminarán por completo el proceso de ventas, y la tarifa de marketing también cubre el costo de esto. Recuerda que sin marketing/ventas tu negocio no existirá. Ya que alguien tiene que hacerlo, ¿por qué no dejar que lo hagan los expertos?

- Tarifa de regalías: esta es una pequeña tarifa continua, normalmente basada en un porcentaje de sus ingresos por ventas, pero en realidad es donde usted paga por los derechos de uso de la marca y los sistemas del franquiciador. Generalmente es aquí donde el franquiciador recupera su inversión inicial en la construcción del modelo de franquicia. Las otras tarifas normalmente no incluyen un elemento de "beneficio" para el franquiciador, por lo que esto es parte del elemento de beneficio del franquiciador. No te quejes de esto; Le han proporcionado una plataforma para tener éxito, ahora hay que pagarles por ello. Sin ganancias, no habría razón para que el franquiciador construyera un modelo, y la mayoría de los franquiciadores invertirán muchos millones en establecer el modelo de negocio. Una estructura de soporte para mantener su negocio funcionando entre bastidores.

¿Cómo alcanzarás tu objetivo?

Bien, entonces, ¿cómo va a llegar a sus clientes objetivo y por qué le comprarán?

Cualquiera que sea el enfoque que haya elegido, ya sea una franquicia, comprar un negocio o comenzar desde cero, en mi opinión, esto es probablemente lo más difícil de hacer bien.

Necesita algunas cosas combinadas para que esto suceda:

1) Experiencia probada

2) Una relación de confianza con su cliente potencial

3) Conciencia de marca/negocio

4) Propuesta de valor

5) Influencia

A continuación, analizaremos cada área con más detalle para ayudarlo a comprender el proceso de compra desde la mentalidad de su cliente objetivo. Tenga en cuenta que esto está más centrado en los clientes comerciales y que los compradores consumidores pueden no ser tan estrictos en algunas áreas, pero pueden ser más escépticos acerca de su negocio. Piense en ello como cuando recibe un correo electrónico no deseado de algún "gurú de las ventas". ¿Qué piensas cuando ves esto: "Oh, ¿es sólo otro spammer?"

Experiencia probada.

La gente querrá saber que puedes cumplir lo que prometes sin problemas. Necesitarán saber que lo has hecho antes. Puedes hacer esto de varias maneras.

- Testimonios
- Estudios de caso
- Referencias de contrato
- Recomendaciones
- Aprovechar su experiencia laboral previa, preferiblemente con contactos que ya conoce durante su tiempo en el empleo remunerado.
- Acreditaciones técnicas y membresías

Una relación de confianza con su cliente potencial

A menos que esté vendiendo algo en línea, casi siempre habrá un elemento de confianza directa que debe estar presente antes de que un cliente potencial le compre.

Incluso con un negocio en línea, un cliente potencial seguirá queriendo saber sobre el negocio, asegurarse de que sea un negocio registrado y que tenga todos los certificados de confianza necesarios y los certificados de "pago seguro" vigentes. Si puede encontrar una plataforma en línea relevante para su negocio, como eBay o Amazon, para las ventas en línea, esto será de gran ayuda para realizar ventas en el mundo en línea porque básicamente está utilizando un factor de confianza que ha sido desarrollado por estas marcas globales. Esto se llama "fideicomiso prestado".

Al principio es mejor centrarse en las personas que conoces, o quizás en las personas que has conocido durante tu carrera hasta la fecha. Deberías haber creado algún tipo de confianza con estas personas a través de tu asociación de trabajo conjunto anteriormente, aunque sea de forma indirecta. Las personas tienen poca memoria, por lo que es posible que tengas que recordarles cuándo fue la última vez que trataste con ellos o con su equipo.

Fomente la relación, conviértase en su asesor, hágales favores, ayúdelos a alcanzar su propio éxito. Cuando haya entregado su producto/servicio a estos clientes, solicite que le proporcionen una revisión honesta de su oferta comercial. Al recibir estos comentarios, identificará los puntos débiles sobre los que aprovechar, verá las cosas desde la perspectiva del cliente, continuará construyendo una relación afectuosa con su cliente y, si los comentarios son buenos, podrá utilizarlos. para promocionar su negocio entre otros clientes objetivo.

Conciencia de marca/negocio

Esto también se reduce a la confianza, pero la marca es realmente la experiencia que la gente puede compartir: "Usé Bizco la semana pasada, eran muy baratos" o "Llevé mi tintorería a Bizco". Lo limpiaron, lo prensaron y me lo devolvieron en 2 horas". Tu marca será lo que la gente diga de ti. ¿Quiere ser conocido como "el más barato", "el más rápido" o quizás "el más confiable"? De cualquier manera, considere esto en su enfoque.

Si usted hace que su producto o servicio sea "el más barato" pero luego oferta para trabajar en una industria de alta tecnología, costosa e impulsada por la calidad, sus clientes potenciales podrían automáticamente imaginarlo como el segundo mejor en comparación con sus rivales "centrados en la calidad". Su marca se basará en lo que quieren sus clientes objetivo ideales, así que constrúyala en torno a ellos. Si intenta hacer lo "más barato" y "de alta calidad", el mensaje de su marca se volverá confuso y perderá ambos tipos de clientes.

Por ejemplo, la gente compra coches Mercedes Benz porque quiere calidad y refinamiento. No tienen que comprar el coche para saber qué experiencia obtendrán; lo saben porque el mensaje de la marca se lo ha dicho. El mensaje de la marca ya ha realizado la mayor parte del trabajo de ventas antes de que el cliente entre a la sala de exposición del automóvil. Por otro lado, si quieren motores baratos y sencillos de A a B, hay una gran cantidad de fabricantes que se centran en este extremo del mercado. Algunos de ellos han comenzado a reposicionarse como de "calidad asequible".

Personalmente creo que su mensaje se está volviendo un poco confuso.

El otro lado de esta sección trata de considerar cómo llegará a su público objetivo y les informará sobre su negocio y el mensaje de su marca. Puedes tener un mensaje de marca brillante e inmejorable, pero no sirve de nada sin un canal de comunicación dirigido a tu público objetivo.

A menos que tenga mucho dinero, le llevará mucho tiempo y mucho trabajo llegar a estar en la mente de su audiencia compradora. "Frente a la mente" es donde su objetivo pensará primero en su negocio cuando quiera su tipo de producto o servicio. Como ejemplo de esto en la vida real, si desea un sitio de subastas en línea, ¿dónde piensa primero? La mayoría de nosotros pensamos en eBay. ¿Qué tal una librería en línea? Amazonas.

¿Qué pasa con la comida rápida? McDonald's y KFC. No es necesario ser una gran empresa global para estar presente. Simplemente brinde a su cliente objetivo una experiencia difícil de olvidar (con suerte, en el buen sentido). Como ejemplo, pensemos en el ejemplo de Bizco, la empresa de tintorería local.

Mi consejo para el éxito es centrarse en un único segmento de clientes. Por ejemplo, si sabe que su objetivo es cualquier empresa, en cualquier parte del mundo, necesitará un presupuesto de marketing extremadamente grande. Sólo en el Reino Unido hay 6 millones de empresas, de las cuales alrededor del 98% son pequeñas empresas (menos de 50 empleados). Limite su público objetivo. El primer paso es apuntar a su ubicación geográfica, preferiblemente un solo pueblo o ciudad. Si solo cubre una ciudad, divídala en vecindarios. El siguiente paso es desglosarlo aún más por categoría de industria.

Elija la categoría industrial o segmento de clientes en el que ya tenga más experiencia y reconocimiento y, preferiblemente, el que sea más rentable. Recuerde que deberá mostrarles a estos clientes su experiencia previa, por lo que alguna experiencia en la industria o segmento de clientes será de gran ayuda para generar confianza en ellos. Un segmento de clientes en el sector B2C podrían ser los mayores de cincuenta años o, quizás, los que abandonan los estudios.

Si puede limitarlo a donde ya se encuentran sus clientes actuales, sería ideal. Consideremos que su objetivo son las empresas farmacéuticas que trabajan en un parque o zona empresarial particular de su ciudad. Al centrarse en este segmento, puede utilizar su tiempo de forma mucho más eficaz porque no tiene que viajar por la ciudad entre visitas a los sitios de sus clientes. Un desarrollo continuo a partir de este punto sería simplemente copiar el enfoque a las zonas o parques empresariales vecinos.

A continuación, si sabe quién tiene más probabilidades de comprar su producto/servicio por grupo de edad, género o puesto de trabajo (o todos ellos), puede dirigirlo de manera muy específica a esas personas exactas. En lugar de un público objetivo de mil millones de personas, lo ha reducido a sólo 30. No parece mucho, pero estas 30 personas son el número total de compradores en la industria elegida. Ellos son los que importan porque son las personas que comprarán sus ofertas y, en última instancia, determinarán si se convertirá en un actor líder en esa industria.

No voy a profundizar demasiado en el nombre de su empresa ni en el diseño de su logotipo. Hay diseñadores profesionales que pueden crear su logotipo a muy bajo costo. Al pensar en su nombre, debe basarse en lo que ofrece. ¿Cuáles son los valores de su marca y cómo pensará su cliente sobre su negocio? Mire las empresas de la competencia para comprender qué dice su marca sobre ellas.

También es importante en esta etapa entender qué colores usar. Muchos expertos en diseño le dirán que ciertos colores pueden significar ciertas cosas para un cliente.

Por ejemplo, el color verde podría estar relacionado con productos o servicios relacionados con el medio ambiente. El rojo y el azul son los más adecuados para diferentes tipos de empresas de servicios. Un diseñador puede ayudarlo a orientarse en la dirección correcta aquí, pero al observar a sus rivales, verá lo que ya están haciendo y, con suerte, también obtendrá una idea de por qué lo están haciendo. Al diseñar su logotipo, asegúrese de que represente sus principios como empresa.

Propuesta de valor

La propuesta de valor en términos simples es lo que le estás ofreciendo al cliente y la razón por la que elegiría comprarlo. Es la solución al problema de alguien. La propuesta de valor casi nunca se reduce únicamente al precio si nunca se ha proporcionado un nuevo cliente potencial.

Si se trata únicamente del precio, es probable que ofrezcas tu producto/servicio de forma gratuita, sólo para poner un pie en la puerta.

Mi consejo sería buscar siempre algo más. Ofertar por el precio más barato es una buena estrategia para desarrollar capacidad en su negocio, pero eventualmente se encontrará con un rival con mayores bolsillos. Si su único diferenciador es el precio, su negocio morirá.

El precio más barato también trae consigo un margen de beneficio extremadamente bajo y, con ello, problemas de flujo de caja. A menos que desee seguir invirtiendo su salario mensual en el negocio, lo más probable es que su negocio no sobreviva por mucho tiempo.

La opción fácil suele ser proponer únicamente el precio, pero una advertencia: tus rivales ya tienen relaciones, también son mucho más grandes que tú y tienen bolsillos más profundos.

Si no les gusta su estrategia, les resultará bastante fácil simplemente descontar sus ofertas, perdiendo efectivamente dinero en ese contrato sólo para obligarlo a cerrar el negocio. Si tienen muchos contratos, pueden descontar mucho una oferta, pero compensar la pérdida con un contrato más rentable en otro lugar. No tienes esa flexibilidad como startup. Las otras opciones como diferenciadores dependen del negocio, la industria, sus objetivos, etc.

Los obvios podrían ser:

- Calidad – sólo lo mejor
- Imagen: piense en Rolex, Gucci y Brioni
- Lo más rápido
- Fiabilidad
- Soporte: ¿estás disponible el día de Año Nuevo cuando todos tus rivales están en fiestas?

En última instancia, cuanto más grande sea la industria que elijas, más jugadores habrá.

Esto significa que le resultará más difícil hacer que su negocio sea diferente. Como alguien que ha competido en industrias con más de 100.000 empresas similares que ofrecen el mismo tipo de servicio, mi consejo es mirar las 20 empresas principales de su industria. Lo más probable es que se trate de actores globales.

Vea lo que hacen estas empresas y vea si puede encontrar algo que sus rivales locales no hagan. Vea si hay algo que pueda mejorar, pero generalmente utilícelo como un trampolín. Los 20 primeros generalmente están ahí por una razón, y se necesita algo más que dinero para llegar allí.

Influencia

La mejor manera de llegar a un cliente potencial es que otra persona haga la mitad del trabajo por usted. Tener a alguien de tu lado, en el interior, hace que sea mucho más fácil conseguir nuevos trabajos. No estamos hablando aquí de corrupción; Eso es ilegal y nunca lo recomendaría.

Todo lo que le digo en este libro se basa en una buena ética, por lo que decirle que haga algo ilegal sería incorrecto por mi parte, tanto moral como éticamente, y también dañaría mi reputación en la comunidad empresarial.

Para empezar, la única forma de contar con información privilegiada es brindar una buena experiencia a su cliente. Veamos un ejemplo. Digamos que su empresa ofrece productos de limpieza respetuosos con el medio ambiente. Su comprador probablemente será un administrador de instalaciones, un gerente de limpieza o quizás incluso un comprador profesional si su cliente es lo suficientemente grande. En este caso es posible que desee dirigirse a la persona responsable de la gestión medioambiental.

Es responsabilidad de estas personas mejorar las prácticas ambientales de la empresa, por lo que si su servicio o producto puede ayudarlos a lograr precisamente eso, tendrá a alguien luchando por usted.

En empresas objetivo más pequeñas, o con transacciones B2C (de empresa a consumidor), sería lo mismo que que un cliente anterior lo recomiende a sus amigos. Profundice en su oferta para comprender quién podría beneficiarse indirectamente de la oferta de su empresa.

Las finanzas

Bien, ahora pasamos a la parte algo aburrida pero necesaria para mantener las cosas bien y mantenerlo en el lado correcto del sistema de justicia legal.

Hasta ahora;

- Has identificado tus puntos fuertes
- Ha identificado a sus clientes objetivo
- Ha planificado cómo llegar a sus clientes objetivo.
- Lo ideal es que tengas algunos nombres de contactos objetivo en la lista y, con suerte,

también hayas hablado con ellos para recibir comentarios.

A continuación, en su idea de negocio inicial, es posible que desee hacer una proyección rápida del flujo de caja para ver cuánto dinero necesitará ahora y en qué momentos en el futuro. Como todavía no has hecho nada, será muy difícil generar cifras específicas en este momento, por lo que es sólo una estimación esperanzadora. Pensar en esto le ayuda a comprender la importancia de obtener ganancias lo más rápido posible, además de tener siempre en cuenta las ganancias en todo lo que haga.

Lo más probable es que consiga alrededor del 5% de los clientes que espera conseguir y sus gastos sean al menos el doble de lo que estima. Lo más importante ahora es hacer las cosas lo más barato posible. El hecho de que tenga dinero en el banco no significa que deba pagarle a un limpiador para que limpie su habitación/oficina libre por usted.

Conozco a muchos propietarios de nuevas empresas que han gastado la mitad de sus ahorros en un coche nuevo, sólo porque creen que es lo que se supone que deben hacer las personas en su posición. No podrían estar más equivocados.

Los puntos clave para hacer una proyección de flujo de efectivo es utilizar un formato de calendario, ya sea semanal o mensual, y trazar los siguientes elementos para cada mes, ya sea como los recibirá o como los pagará. . Esto le indica si tiene un déficit de fondos en un mes en particular.

Una proyección de flujo de caja incluirá:

- Ventas en el negocio.
- Cualquier otro ingreso al negocio.
- Cualquier costo para el negocio.
- El momento de cada entrada y salida.

Desglosar sus costos en costos legales, costos financieros, costos de personal, costos de marketing, costos de inventario, costos de servicios públicos, costos de propiedad y gastos en los que podría incurrir durante el curso del negocio para ese mes en particular. Cuando tenga estas cifras, agregue un 20% de contingencia a sus costos que incluirá cualquier elemento imprevisto. También es recomendable reducir sus expectativas de ventas en un 20%, lo que debería darle un poco de respiro en caso de que las ventas no se realicen a tiempo o si incurre en pagos atrasados por parte de sus clientes.

Elija una estructura legal

Dependiendo del lugar del mundo en el que te encuentres, tendrás diferentes nombres para las distintas estructuras legales disponibles para establecer tu negocio. La mayoría de las naciones desarrolladas comparten una estructura similar entre sí. Estos son los siguientes:

1) Propietario único

2) Camaradería

3) Limitado por acciones

4) Limitado por garantía

5) Empresa social o caridad

Propietario único

Esta es la configuración legal más básica. Dependiendo de sus leyes tributarias, probablemente sea el más eficiente desde el punto de vista fiscal, hasta el punto de lo que una sola persona podría ganar con un buen salario cada año. Sin embargo, ofrece muy poca protección legal.

Si su empresa quiebra, básicamente significa que usted también quiebra personalmente, a menos que tenga ahorros personales que puedan cubrir cualquier responsabilidad en la empresa. Si alguien emprende acciones legales contra su empresa, en última instancia, será su vida personal (incluida su cónyuge) la que enfrentará las consecuencias.

Camaradería

En mi opinión, la sociedad es el peor sistema jurídico. En esta estructura, es básicamente lo mismo que juntar a varios propietarios únicos, pero eliminando sus derechos individuales.

Como socio, usted tiene responsabilidad conjunta por cualquier cosa que sus compañeros hagan en el negocio, pero no tiene control legal sobre esos otros socios. Asimismo, tampoco tienen control sobre tus acciones. Cada uno enfrenta las consecuencias de las acciones tomadas por cada socio dentro del negocio.

A diferencia del propietario único, usted tiene una eficiencia fiscal reducida, ya que todos están de acuerdo con la estructura de pago. Esto significa que, a diferencia de un propietario único, no puede maximizar sus desgravaciones fiscales debido a la decisión de otra persona. En caso de que la empresa quiebre o se emprendan acciones legales contra ella, cada socio será responsable personal y financieramente.

Limitado por acciones

En mi opinión, esta es la mejor opción para la protección legal y, cuando el negocio es lo suficientemente grande, puede ser mucho mejor para la eficiencia fiscal.

Los costos de instalación son más altos que los de otros tipos de configuraciones legales y los informes de auditoría son estrictos. Si no presenta las declaraciones a tiempo, recibirá una multa elevada y los retrasos repetidos pueden provocar que los tribunales cierren la empresa. En casos extremos, esto puede conllevar penas de cárcel para los directores de la empresa.

Esta opción es mucho más transparente para el mundo exterior, que puede ser visto como bueno y malo. Sin embargo, a largo plazo también hace que sea mucho más fácil atraer inversores, así como vender su negocio más adelante. También puede parecer más profesional ante el mundo exterior.

Si la empresa quiebra, solo perderá lo que haya invertido. En algunos países, si ha actuado de manera negligente o ilegal, usted, junto con otros directores, será personalmente responsable de sus acciones.

En algunos casos, es posible que usted, como accionista, también deba ofrecer una garantía personal para las deudas, que normalmente solicitan los inversores, bancos y otros proveedores de financiación de la empresa.

Limitado por garantía

En la mayoría de los países, esta estructura no está disponible para la mayoría de los tipos de empresas normales. De manera similar a la estructura limitada por acciones, su responsabilidad se limita únicamente a la garantía que usted coloca. No tiene accionistas.

No nos detendremos en este tipo, ya que su configuración es mucho más compleja y no es fácilmente accesible para la mayoría de las personas.

Empresa social o caridad

A menos que tenga la intención de hacer algo para cambiar su comunidad, o tal vez apoyar una causa benéfica a través de la perspectiva de un modelo de negocio, probablemente este no sea el modelo para usted.

Una empresa social está dirigida por un equipo directivo y supervisada por fideicomisarios. Una empresa social no genera beneficios; se administra en beneficio de sus miembros o de la causa que apoya.

He aquí un ejemplo de este tipo de estructura legal: había una empresa social creada por el gobierno local para proporcionar espacio de oficinas para incubadoras de nuevas empresas en zonas rurales. Las nuevas empresas alquilaron espacio de oficina a precios reducidos y obtuvieron apoyo administrativo administrativo (impresión y fotocopias, atención de llamadas, etc.) proporcionado por la empresa social.

Todos los ingresos de la empresa social se canalizaron nuevamente hacia la empresa y se utilizaron para expandir aún más el negocio a áreas vecinas y llegar a otros empresarios. También brindaron apoyo adicional, como capacitación inicial y apoyo legal.

Configurando el negocio

Registrar la empresa para impuestos

El siguiente paso es registrarse como empresa en la oficina de impuestos de su gobierno. Su tipo de negocio (propietario único, sociedad, limitada, etc.) determinará para qué debe registrarse. Para propietario único y sociedad, simplemente deberá registrarse para el impuesto sobre la renta y quizás el IVA (impuesto sobre las ventas) o el impuesto a la exportación.

Con la opción limitada por acciones, se registrará para el impuesto de sociedades, junto con el impuesto sobre las ventas y el impuesto de exportación. Es posible que haya impuestos adicionales para los que pueda registrarse dependiendo de la estructura de apoyo de su gobierno para las empresas, pero los verá cuando se registre.

Puede utilizar un agente de registro para registrar su empresa o puede hacerlo usted mismo. No lleva mucho tiempo hacerlo usted mismo, probablemente menos de una hora, pero le ahorra gastar dinero que podría resultarle útil después. Si intenta hacerlo usted mismo, pero le resulta demasiado difícil, puede encontrar un agente de registro que lo haga por usted.

Para encontrar la oficina de impuestos de su gobierno, puede utilizar Google o cualquier otro motor de búsqueda en línea y buscar <ingresos internos> + <su país>. En el Reino Unido, la

Hacienda Pública es la HMRC y en los EE.UU. es el IRS.

Enumerar todos los países sería exhaustivo, pero me gustaría pensar que con la información de esta sección no será demasiado difícil encontrar los detalles que necesita para su propio país.

Licencias o acreditaciones comerciales

Dependiendo de los servicios/productos de su empresa, es posible que deba registrarse para obtener una licencia comercial o acreditaciones particulares. Esto es relevante para licencias de crédito al consumo, algunas acreditaciones de servicios técnicos, servicios médicos o de salud y todo lo relacionado con la industria de servicios financieros. Descubra si su industria está regulada o controlada por un organismo profesional si aún no lo sabe.

Sin estas licencias o acreditaciones, estarás infringiendo la ley y, independientemente de tu estructura legal, terminarás en la cárcel y/o tendrás que pagar una gran multa.

También es importante comprender que deberá registrarse para obtener licencias en cada estado, región o país en el que desee hacer negocios, a menos que sea posible exportar su producto o servicio a esa ubicación. Si elige exportar, es importante darse cuenta de que el producto/servicio entregado aún debe cumplir con los criterios locales de estándares, seguridad y calidad. Trabajar con un buen agente de exportación puede ayudarle a realizar este proceso correctamente.

cuenta bancaria

Obtenga una cuenta bancaria comercial separada. Es muy importante que mantengas tus finanzas personales y comerciales separadas. Puede resultar tentador pensar: "Este es mi dinero, así que lo gastaré en estos zapatos nuevos", pero en realidad ya no es tu dinero. Cuando lo utiliza con fines comerciales, se convierte en parte de los activos y el balance general de la empresa, por lo que eliminarlo para uso personal le provocará no sólo un aumento de los impuestos personales, sino también posibles cargos penales.

Cumplimiento

A continuación, deberá cumplir con la legislación local de su gobierno. Podemos asumir que no está listo para un local comercial y cubriremos las áreas básicas para la mayoría de las empresas. Cuando incluya locales en esa combinación, tendrá que considerar más de 300 leyes adicionales relacionadas con la propiedad. Más adelante cubriré esta área en un libro mucho más especializado.

Por ahora, nos centraremos en las áreas principales:

1. Seguro

- Seguro de responsabilidad
- Seguro de inventario/stock
- Seguro vegetal
- Seguro de edificios
- Seguro de indemnización
- Seguro de vehículo
- Seguro de vida
- Seguro de accidentes
- Seguro de salud

Por un coste muy reducido cada mes, estarás cubierto para cualquier eventualidad. Sin él, podrías pasar el resto de tu vida en una celda de prisión si las cosas salieran mal.

2. Salud, Seguridad y Bienestar
- Documento de políticas y procedimientos de salud y seguridad
- Evaluaciones de riesgo

- Declaraciones de método
- Evaluaciones de manejo manual
- ¿Dispone de instalaciones asistenciales adecuadas? (WC, cocinar, romper, lavar, etc.)

Un buen consultor de Salud y Seguridad puede ayudarle a configurarlos.

3. Empleo

Lo más probable es que no esté preparado para tener empleados en este momento, pero si compró una empresa, probablemente ya tendrá empleados. Contrate a un consultor de recursos humanos para asegurarse de tener todo en su lugar y de que todo esté dentro de la ley y sea legal.

La legislación laboral es un tema muy complejo y complicado, y la ley puede ser diferente de un estado, región o país a otro, a menudo con contradicciones entre cada uno, por lo que no intentaré explicarlas aquí. Sin embargo, yo diría que, como parte de su trayectoria empresarial, y si planea tener empleados, asegúrese de comprender la legislación laboral en su propia área geográfica o en cualquier lugar donde planee operar empleados en su negocio. Este conocimiento debe incluir temas como el reclutamiento, la discriminación y la disciplina.

Utilice un consultor para capacitar a su personal administrativo en estas áreas a medida que hace crecer el negocio.

Hemos completado la parte aburrida. Si todavía estás despierto, pasemos a ganar algo de dinero para tu negocio.

Entrega de servicios

Hasta ahora:

- Has identificado tus puntos fuertes
- Ha identificado a sus clientes objetivo
- Has planeado tu enfoque
- Ha configurado su negocio como una entidad legal.

Ahora es el momento de iniciar ese proceso comercial.

El objetivo de esta sección es que usted venda y entregue su producto/servicio en cantidades relativamente pequeñas.

Para el siguiente ejemplo de proceso, asumiremos que su empresa es una empresa de servicios tradicional en la que proporcionará un servicio móvil.

Los pasos para atender a su cliente:

1. Encuentre un cliente motivado
2. hacer la venta
3. Firma el contrato
4. Entregar el producto o servicio
5. Factura del producto o servicio.

Antes de entrar en esto, diré una cosa. No empieces a montar tu negocio, a pagar por marketing, a pagar por logotipos, sitios web, tarjetas de presentación, etc., hasta que tengas un cliente dispuesto a pagarte dinero por lo que ofreces.

Mucha gente imagina soluciones para un problema que no existe y luego gasta miles de dólares en crear sitios web y todo tipo de tonterías, sin siquiera tener un cliente. Sólo cuando salen a hablar con clientes potenciales descubren que, en primer lugar, el problema nunca existió.

Encuentre un cliente motivado

Esta es realmente la etapa en la que demuestras que existe un mercado para lo que ofreces. Primero debemos identificar nuevamente a esos clientes objetivo. Comenzaremos con sus contactos anteriores, todas las personas con las que ha estado en contacto y que se adaptan al tipo de comprador que cree que estaría interesado en su producto o servicio, Y que puede pagarlo. Ésta es la forma más fácil y eficaz.

En primer lugar queremos reconectarnos con ellos, con el objetivo de reconstruir esa antigua relación con ellos. No nos hacemos amigos de la gente por vender con fuerza desde el primer día.

Ve a su lugar de trabajo y habla con ellos. No les vendas. Cuéntales tus planes. Dígales que está pensando en establecer una empresa para ofrecer productos o servicios XYZ. Obtenga sus comentarios. Hágalos participar, pero lo más importante es que descubra sus problemas actuales, ya que eso podría brindarle una mejor oportunidad de trabajar con ellos.

Si parecen interesados en lo que usted está hablando, vale la pena preguntarles en esta etapa, antes de continuar, "si decido iniciar este negocio, ¿es esto algo que le interesaría comprar?", y si dicen eso sí, pide algún tipo de compromiso. Obtener un pedido firmado en esta etapa le validará lo que está ofreciendo.

Continúe revisando sus objetivos identificados hasta que encuentre a alguien que lo invite a ofertar. En este punto, probablemente estarán probando su desempeño y viendo cuál es su precio entre sus otros proveedores, así que no se decepcione demasiado si el cliente potencial no llega a ninguna parte.

Simplemente sea profesional, haga un seguimiento de la licitación y obtenga comentarios, si es posible. Cuanta más retroalimentación pueda obtener en esta etapa, mejor podrá posicionarse en futuras ofertas.

Piensa dónde podría verte tu público objetivo. Por ejemplo, digamos que estoy tratando de llegar a personas que poseen caballos. Esas personas necesitan comprar o trabajar con varias personas durante el cuidado de su caballo. Me imagino que probablemente compren a un distribuidor de alimentos, así como a otros proveedores de tipo estable, cosas como equipos de aseo, comida, heno, etc.

Entonces imaginemos que todos viajan a estos almacenistas una vez al mes para comprar suministros. Una forma de llegar a ese cliente objetivo podría ser formar una sociedad con el distribuidor, mediante la cual pueda anunciar mi producto o servicio junto con su negocio. Quizás si es relevante, podría hacer algo similar con los veterinarios locales en lo que respecta a la atención médica.

Me imagino que este tipo de cliente también lee regularmente artículos de revistas sobre caballos, eventos ecuestres y cuidado general de animales, por lo que escribir un artículo sobre su producto y presentarlo en la revista podría atraer clientes potenciales. Entonces podría mirar los eventos de caballos que se llevan a cabo dentro del área en la que puedo servir.

En el caso de eventos como los saltos, probablemente atraerá a un gran número de clientes objetivo y los agrupará a todos en un área muy compacta. Por lo tanto, si muestro o posiciono mi producto o servicio, tal vez como una prueba gratuita en el sitio, entonces potencialmente puedo ganar algunos clientes a largo plazo allí. El otro beneficio de esta ruta es que, al hablar con ellos cara a cara, se crea una conexión más profunda con ellos y, al demostrar su producto, se gana su confianza.

Otra ruta es considerar cualquier asociación o directorio comercial. A menudo, cuando un comprador busca un tipo particular de producto o servicio, pero aún no tiene un proveedor en mente, buscará en la asociación comercial ese tipo de producto o servicio, para ver si hay alguna empresa listada con a ellos. Una vez más, aquí es donde se construye la credibilidad y una parte de la confianza prestada. Estar registrado en la asociación comercial normalmente significa que está calificado para hacer lo que ofrece.

Creo que el punto importante a tener en cuenta aquí es comprender el proceso de compra de sus clientes objetivo. ¿Cómo compran a los proveedores? Luego, simplemente inicie ese proceso de la manera más conveniente que les convenga.

hacer la venta

No haga que su cliente pase 1000 obstáculos para comprarle. Veo muchas empresas, normalmente ese tipo de empresas que son muy técnicas o naturalmente burocráticas, que ponen muchos obstáculos a la hora de que un cliente les compre. Tienen "controles" que pasar.

Pregúnteles por qué siguen estos pasos o listas de verificación y le dirán cómo se hace en la industria. El hecho de que algo siempre se haya hecho de esa manera no constituye una buena razón por la que deba seguir haciéndose de esa manera.

Un ejemplo de esto es cuando una empresa solicita ver los extractos bancarios, el comprobante de identificación, etc. de un cliente antes de registrarlo como cliente. Todo esto está muy bien y es un proceso que debe realizarse para que la empresa cumpla con aspectos como las regulaciones de lavado de dinero. Pero el cliente ni siquiera ha aceptado comprarle todavía.

¿Qué hay de malo en obtener su firma en el contrato, luego recibir su pago y luego completar las listas de verificación como parte del servicio que ofrece?

A menudo, estas "reglas" las establecen personas sentadas en habitaciones oscuras, que nunca hablan con nadie y no tienen ningún concepto sobre los negocios o la psicología detrás de ellos.

Si hay reglas a seguir, ¿significa eso que hay que marcar las 18.437 casillas antes de realizar el pedido, o se puede esperar hasta el día siguiente de la firma de los contratos? Supongo que es lo último.

Habla su idioma

Los clientes no saben qué *'piñón menor rosca izquierda'* es, ni necesitan saberlo. Están comprando el "QUÉ", no el "CÓMO funciona".

Hablarles en jerga técnica los hará dormir o romperá esa relación con ellos que es vital para cerrar una venta. Imagínese si alguien viniera a visitarlo y luego comenzara a hablar en un idioma extranjero. Los mirarías con la cara en blanco, ¿no?

Si bien podría pensar que un cliente entiende de qué está hablando, no es así. Si realmente necesitas explicar la jerga técnica, explícala de la misma manera que lo harías con un niño de cinco años. De lo contrario, simplemente diles que vas a resolver su problema, eso es todo lo que realmente les interesa.

Si su cliente potencial tiene una necesidad, acudirá a usted por curiosidad. Si ese cliente potencial no tiene una necesidad, haga un seguimiento con él a través de otras reuniones cuando esté en el área. Al fin y al cabo, no necesitamos comprar productos de limpieza todos los días de la semana, que un vendedor haya llegado a tu oficina, no significa que vayamos a cambiar nuestro proceso de compra para adaptarlo a él.

Mi estimación es que necesitará una lista potencial de alrededor de 100 objetivos motivados y hasta 6 meses para nutrirlos antes de que le pidan que comience a ofertar por su negocio. Digo 100 porque solo tendrás alrededor del 4% que tiene un deseo en ese momento exacto en el que los contactas.

Esto significa que aquí tenemos dos factores clave de éxito.

I. Conviértase en la prioridad de estos compradores motivados,

Y

II. Programe su enfoque en el momento exacto en que necesitan su negocio. De ese 4%, si eres un proveedor desconocido, simplemente pasarás desapercibido. Se necesita tiempo para estar presente en la mente de su objetivo. Algunos expertos en marketing tienen investigaciones que sugieren que en realidad se necesitan 6 comunicaciones con un objetivo antes de que realmente lo reconozcan como proveedor. No te tomes este hecho demasiado personalmente, así es como funciona nuestra mente. Piense en la última vez que alguien le envió un correo electrónico, probablemente pensó que era spam las primeras veces, pero tal vez en la tercera comunicación se interesó en el título del asunto. La cuarta vez estaba demasiado ocupado para darse cuenta, la quinta vez le preguntó a su colega si alguna vez había oído hablar del anuncio publicitario pero luego se olvidó de él. La sexta vez pensaste: "Oh, sí, lo recuerdo, pediré más información", y eso es solo si tienes interés en lo que ofrece. Sólo asumo que estos son los pasos de cómo se desarrolla en las encuestas realizadas por los profesionales.

Piense en los días anteriores al correo electrónico: es posible que les hubiera enviado 6 catálogos antes de que comenzaran a mirar sus productos. ¿Quizás entonces era mucho más alto, o quizás era mucho más bajo? Probablemente dependa de lo que ofrezca y de la demanda que tenga su segmento de clientes.

Un objetivo motivado no es sólo el nombre de una empresa. Un objetivo motivado es el nombre del comprador, sus datos de contacto y toda la información sobre él que pueda ayudarle a construir una relación. Hay muchas empresas que intentan venderle listas de clientes potenciales para los llamados compradores motivados.

Habiendo probado esta ruta yo mismo en el pasado, puedes dividirlas en dos categorías: en primer lugar, obtendrás listas con solo el nombre de la empresa, el número de teléfono y tal vez una dirección de correo electrónico centralizada, como "info@".

La segunda fuente es donde se enumeran los directores senior y, en ocasiones, incluso obtendrá una dirección de correo electrónico directa para ellos. Bien, entonces podrías pensar que estos son los más valiosos, y probablemente pagarás más para obtener una copia, pero ¿significa eso que el vicepresidente o director ejecutivo querrá comprar tu producto o servicio?... ¡No! Su correo electrónico o carta irá directamente a la bandeja de spam y nunca más volverá a saber de ellos.

La razón de esto es que, en primer lugar, estas personas no tratan con proveedores y, en segundo lugar, porque probablemente reciben cientos de correos similares todos los días, de personas que nunca han conocido, y que probablemente nunca quieran conocer. Entonces acabas de desperdiciar tu dinero.

El hecho de que tengas los nombres de 1000 personas en una lista frente a ti no significa que quieran comprarte. El único primer contacto real que motiva a comprar es aquel que se comunica con usted. No te engañes pensando lo contrario: ¡podría resultar muy caro!

Cuando finalmente llegue a la etapa de licitación, hay algunas áreas clave en las que debe hacerlo bien:

- Descubra exactamente lo que quiere el cliente

- Véndeles ese producto/servicio exacto

- El hecho de que su empresa pueda ofrecerle algo que le resulte más rentable significa que ese cliente no lo ha pedido. No intentes venderlo. Preséntelo más adelante, cuando comprenda sus necesidades y hábitos de compra.

- Presente los beneficios, no las características. No me importa si el líquido de limpieza es "nuevo y mejorado", soy un comprador, así que explíqueme en qué me beneficiará eso.

Firma el contrato.

Las empresas más grandes tienen acuerdos de compra, pero si no, obtenga su propio acuerdo contractual y los términos y condiciones por escrito. Será un pequeño coste inicial que podrás utilizar como plantilla más adelante. También te hará lucir más profesional y organizado, al mismo tiempo que te mantendrá protegido legalmente. Si trabaja en una industria grande, lo más probable es que el 50% de sus rivales no hagan esto. ¿Le gustaría parecer más profesional que ellos a los ojos de su cliente?

La forma más fácil de conseguirlo es acudir a un abogado que se especialice en empresas emergentes o, a veces, si acude a la cámara de comercio local u otros grupos de membresía empresarial como este, tendrán paquetes de inicio que incluyen las diversas plantillas legales que que pueda necesitar para su negocio y, a menudo, son muy económicos.

Entregar el producto o servicio.

- Confirmar lo que quieren
- Entregar exactamente lo que quieren
- Entregar exactamente cuando quieran
- Entregar exactamente donde quieran

- Entrégalo con cuidado y calidad.
- Hacer creer al cliente que te preocupas por él

No es ciencia espacial, pero muchas pequeñas empresas olvidan al menos uno de estos puntos y luego se preguntan por qué sus clientes acudieron al gran proveedor nacional. Es porque fueron consistentes en todo momento.

Si un cliente te dice que quiere un nuevo sistema de calefacción en su casa es porque quiere un sistema de calefacción que funcione AYER. He visto muchas empresas brindar un servicio, pero parecen tardar una eternidad en brindarlo.

Habiendo entregado yo mismo algunos contratos muy grandes de 7 cifras, el tiempo es probablemente el factor más importante cuando se llega a este nivel de contrato. Si no puede presentarse o entregar lo que el cliente quiere, cuando acordó que lo haría, lo siento, pero esto no es profesional y no debería administrar un negocio. El mundo sería un lugar mejor si las empresas se tomaran las cosas un poco más en serio, en lugar de tratarlo todo como un pasatiempo.

Si eres tú, DEJA DE JUGAR.

Factura del producto o servicio.

Hay tantos propietarios de pequeñas empresas a los que no les gusta el papeleo. Si no te pagan, ¿por qué lo hiciste en primer lugar? Es parte del proceso comercial, si no le gusta facturar al cliente, entonces no establezca un negocio que necesite un sistema de facturación y crédito.

Un ejemplo podría ser una tienda minorista. Sin embargo, esto conlleva otros tipos de papeleo. Si no le gusta el papeleo, consiga que otra persona lo haga o no inicie su negocio en absoluto.

Siempre que sea posible, configura un sistema de facturación automatizado para no tener que preocuparte por ello. Una versión básica de esto sería, cuando firme el contrato, volver a su computadora.

Si utiliza un paquete básico de procesador de textos/hoja de cálculo, simplemente cambie el título "Estimación" o "Cotización" a "Factura". Es posible que deba cambiar algunas palabras al tiempo pasado. Si hay una fecha de finalización garantizada para el pedido, entonces simplemente adjúntelo a un correo electrónico de inmediato y establezca un retraso para la entrega al cliente hasta después de esa fecha.

Alternativamente, si las facturas deben publicarse, imprímalas inmediatamente y estén listas para enviarse, y posfeche el sobre para no enviarlo hasta después de la fecha de finalización.

Se sorprenderá de cuánto les gusta a los clientes recibir una factura en la fecha de finalización. Te hace parecer mucho más profesional que la empresa que no envía una factura al cliente durante 3 meses.

Si se siente culpable por pedirle dinero a un cliente, recuerde su estado de flujo de efectivo. Si todavía te sientes culpable, sal del negocio y busca un empleo remunerado. O una sugerencia aún mejor: vaya y trabaje voluntariamente si realmente no necesita o no quiere el dinero.

La solución anterior es un sistema muy básico, pero a medida que su negocio crezca, obviamente incorporará un sistema más profesional para hacer frente a la escala.

Asegúrese de saber quién es responsable de pagar las facturas. De nada sirve enviar una factura al director general si tiene un contable.

Descubra el proceso de pago con antelación y sígalo al pie de la letra. ¿Quizás deba ser aprobado primero por otra persona? Recibir el pago a tiempo puede ser mucho más difícil que realizar la venta original.

La mayoría de las empresas pagan con plazos de crédito de 30 a 60 días, pero si no comprende bien el proceso, ese plazo podría fácilmente duplicarse, lo que podría causar graves problemas de flujo de caja a su empresa.

Probar y perfeccionar el modelo

Hasta ahora:

- Has identificado tus puntos fuertes
- Ha identificado a sus clientes objetivo
- Has planeado tu enfoque
- Ha configurado su negocio como una entidad legal.
- Ha vendido, entregado y facturado su producto o servicio.

Ahora es el momento de analizar qué hiciste y cuándo lo hiciste.

A continuación se presentan una serie de preguntas que debe hacerse. Si tomaste notas al inicio del proceso, documentalo en cada etapa, con tiempos, recursos necesarios, costos de cada proceso, etc., será mucho más fácil cuando llegues a esta etapa.

- ¿Podrías acelerar el proceso de venta? No puedes cambiar las acciones del cliente, pero puedes mejorar tus propias acciones.
- ¿Con cuántos prospectos contactó y cuál fue la tasa de respuesta?
- ¿Cuánto duró el ciclo de ventas?
- ¿Hay alguna manera de reducir costos en este proceso?
- ¿Se puede automatizar o simplificar alguno de los procesos?
- ¿Utilizó diferentes formas de marketing y cuál tuvo más éxito?
- ¿Hubo algo que podría haber hecho mejor para brindar el servicio?
- ¿Qué comentarios te dio el cliente?
- ¿Podría prestar el servicio de forma más barata o más eficiente?

- ¿Puedes simplificar el proceso de entrega?
- ¿Cómo mantendrá el mismo estándar de entrega?

El objetivo aquí es perfeccionar su modelo de negocio. Esto es algo que la mayoría de las empresas no hacen. Cuando logran ventas, creen que su negocio está perfeccionado. Creen que ya tienen el proceso y el modelo de negocio óptimos, independientemente de si podrían hacerlo de manera más eficiente y obtener diez veces más ganancias.

Harás esto ahora, pero también lo harás en 6 meses, 1 año, 2 años, 3 años, 5 años, etc. Con los continuos cambios tecnológicos, usted puede mejorar la eficiencia de su propio proceso muy fácilmente. Si tus rivales no hacen esto, entonces te pondrás un paso por delante y, potencialmente, también te hará más rentable. He visto esto muchas veces, particularmente en empresas familiares más antiguas, que no han sabido dominar la tecnología. He visto a algunos que todavía usan máquinas de escribir en lugar de computadoras.

¿Te imaginas cuánto más eficiente es tu negocio en comparación con este tipo de negocio?

Las empresas que no se mantienen al día con el cambio o no luchan contra él, en última instancia, terminan muriendo. Un ejemplo típico de una empresa que no se adapta al cambio son las grandes cadenas de alquiler de vídeos. Hace quince años, el alquiler de vídeos y DVD era un gran negocio. Había tiendas de alquiler en todos los centros comerciales y en todas las calles principales. Comparemos eso con ahora, cuando podemos ver cualquier película que queramos, ya sea en línea o mediante pago por visión a través de un televisor digital, un servicio que se encuentra en muchos hogares con un televisor moderno. Así, por un coste muy reducido cada mes, podremos ver tantas películas como queramos.

Las grandes cadenas de alquiler de vídeos debieron considerar que internet fallaría y su modelo de negocio sería seguro. Qué error que no aceptaran el cambio y no se reposicionaran en un mercado cambiante.

Ponga en marcha un plan

Bien, hasta ahora:

- Has identificado tus puntos fuertes
- Ha identificado a sus clientes objetivo
- Has planeado tu enfoque
- Ha configurado su negocio como una entidad legal.
- Ha vendido, entregado y facturado su producto o servicio.
- Has perfeccionado tu modelo de negocio

Ahora necesitas planificar en función de tus experiencias hasta ahora.

Aquí es donde entra en juego su plan de negocios. Es en este punto que potencialmente puede acercarse a alguien para obtener financiación. Puede crear proyecciones basadas en ejemplos de la vida real. No soy un gran admirador de los planes de negocios; Creo que son una herramienta que los bancos han utilizado como modelo para tomar decisiones. Creo que no representan realmente a una empresa ni a sus propietarios, y además requieren mucho tiempo y recursos para elaborarlos.

Un estudiante universitario puede redactar excelentemente un plan de negocios, pero no significa nada sobre la viabilidad del negocio para obtener inversiones. Todo es sólo una gran lista de deseos. A menos que tengas una bola de cristal, ¿cómo puedes predecir el futuro?

Dicho esto, necesitamos presentar nuestros resultados en algún formato, y si se trata de un banco al que acude para obtener financiación, lamentablemente tendrá que seguir sus procedimientos y elaborar un plan de negocios. Reserve 6 semanas en su calendario y casi debería terminarlo.

Si elige esta ruta, solicite a su banco una plantilla del plan de negocios que utilizan. Esto le dará una idea de los puntos más importantes que quieren que se cubran en el plan. Anteriormente desarrollé un plan y lo entregué, solo para descubrir que no lo aceptaron porque no estaba en su "formato aprobado" para el diseño, etc. Fue en esta etapa que me di cuenta de que el negocio real no importarle a estas personas; Se trataba más bien de si podía seguir sus procedimientos.

Creo que hay mejores opciones para financiar una empresa que a través de préstamos bancarios tradicionales, como el crowdfunding, la inversión de capital o una combinación de ambos.

La mayoría de las veces, los bancos no otorgarán préstamos a una empresa nueva a menos que tenga niveles significativos de activos personales sobre los cuales puedan hacerse cargo. Personalmente, nunca intentaría pedir dinero prestado a un banco para "nuevas" ideas. La deuda sólo debe utilizarse para una empresa que ya tenga un buen flujo de caja. Básicamente, la deuda consiste en pagar lo que ya existe.

Para los nuevos negocios, o las nuevas ideas para el crecimiento de un negocio, deben financiarse mediante inversiones de capital. Si bien es extremadamente difícil encontrar financiación para una pequeña empresa, le he brindado una breve descripción de algunas vías diferentes que podría considerar considerar.

Capital de riesgo

Los fondos de capital riesgo invierten en empresas de nueva creación y en fase inicial. Se centran principalmente en empresas que pueden convertirse en negocios de mil millones de dólares en los próximos 6 a 8 años.

Si su idea de negocio no puede alcanzar ingresos de 100 millones de dólares en los próximos años, buscaría en otra parte. La mayoría de los fondos de Venture Capital tienden a centrarse en empresas de tecnología, ya que dependen menos de personas o recursos físicos, por lo que escalan muy rápidamente.

Inversor de Angeles

Anteriormente, el título de inversionista ángel solo estaba reservado para personas con alto patrimonio neto, pero este grupo ahora se ha abierto a cualquier persona con una pequeña cantidad de ahorros en el banco. Si bien tener acceso a más personas puede ser algo bueno, también existen importantes desventajas, especialmente cuando alguien sin experiencia comercial intenta decirle la mejor manera de administrar su negocio. La otra cara de la moneda es aceptar el dinero, pero tampoco tener orientación alguna.

Si encuentra un inversionista HNW (alto patrimonio neto) en este grupo, probablemente querrá involucrarse, y si tiene la experiencia y las conexiones adecuadas en la industria, esto solo será algo bueno; pero en este grupo en expansión, esto parece ser un hallazgo raro hoy en día.

Hay muchas redes de inversores ángeles disponibles a las que unirse por una pequeña tarifa anual, y normalmente pagarás una tarifa de financiación de alrededor del 5% del capital recaudado.

Recaudación de fondos

El crowdfunding es básicamente un grupo de inversores en los que cada uno pone una pequeña cantidad de dinero en un fondo central. El bote luego toma capital en su negocio.

Generalmente, cuando se recauda dinero a través de crowdfunding, es necesario tener alrededor del 70% del dinero ya recaudado a través de su red para poder completar la recaudación de fondos.

Esto se debe en parte a que otros inversores ven impulso en la recaudación de fondos. Con muchas oportunidades de financiación colectiva, se le dará un plazo específico para obtener la inversión. Si no logras recaudar el 100% del dinero necesario, se les devuelve la inversión a todos y tú no recibes ningún dinero.

Con el crowdfunding, es muy raro que tenga alguna interacción con los inversores individuales, ya que puede haber 1000 o más inversores, por lo que si está buscando orientación o apoyo empresarial, probablemente esta no sea la mejor ruta para usted. Cuando recibe una inversión a través de esta vía, normalmente pagará una tarifa de financiación de hasta el 5% del capital recaudado.

Subsidios

Ocasionalmente se ofrecen subvenciones para determinados tipos de empresas. Normalmente, esto depende de cuáles sean las prioridades del gobierno local o de si se proporciona un determinado tipo de servicio. Estos pueden ir desde incentivos, como impuestos bajos durante 3 años, o pueden incluir servicios gratuitos si instala su negocio en una ubicación particular o en sus locales comerciales con descuento.

Normalmente, para obtener dinero a través de una subvención, primero debe gastar el dinero antes de reclamarlo. Este puede ser un proceso muy largo. Vale la pena trabajar con una empresa profesional de redacción de ofertas si está interesado en obtener este tipo de apoyo financiero. Algunas industrias que normalmente son favorables a la concesión de subvenciones incluyen la hostelería, la pesca y la agricultura y las energías renovables.

Programas de incubadora

Un programa de incubadora suele ser un programa a corto plazo para ayudarle a establecer el negocio, así como a obtener una prueba de concepto. Normalmente le brindarán asesoramiento de tutoría, así como educación para ayudarlo a comenzar. De vez en cuando le presentarán una red de clientes potenciales o, en algunas incubadoras, se gestionan en nombre de grandes marcas corporativas como *British Airways* y buscan productos o servicios que puedan agregar a su propio negocio. Para obtener más información sobre las incubadoras corporativas, consulte una empresa llamada *marcas l,* ejecutan programas de incubación en nombre de muchas marcas corporativas.

En ocasiones, las incubadoras también tienen acceso a inversores ángeles en su sector. Un programa de incubadora puede durar desde unas pocas semanas hasta seis meses. Si bien normalmente no recibirás financiación de ellos, muchos ofrecen espacio de trabajo gratuito o con descuento, así como apoyo empresarial para ayudarte a ponerte en marcha.

Al hablar con cualquier fuente de financiación, hay algunas áreas clave de información que deberá comunicarles, ya sea a través de un plan de negocios tradicional, a través de una plataforma de presentación o mediante una presentación de propuesta. He enumerado algunas áreas en las que centrarme. Tenga en cuenta que todo esto debe basarse en lo que ya sucedió en su negocio hasta este momento.

Si predices lograr una venta a partir del 50% de los objetivos a los que te acercas, cuando en el pasado solo has logrado el 2%, tus planes se arruinarán, ya que no tienes nada que respalde tus predicciones. Si sus proyecciones se basan en suposiciones, intente probar o cuantificar tantas suposiciones como sea posible para eliminar dudas del proceso.

1. Marketing
- ¿Qué marketing debemos hacer?
- ¿Qué resultados esperamos?
- ¿Cuánto nos costará?
- ¿Cuándo tendremos que pagar por ello?
2. Ventas
- Desde nuestro marketing, ¿qué ventas conseguiremos?
- ¿Cuándo lograremos esas ventas?
- ¿Qué valor esperamos que sean esas ventas?

- ¿Cuánto tiempo llevará desarrollar esas ventas?
- ¿Cuánto tiempo necesitaremos dedicar a las ventas?

3. Entrega

- ¿Cuánto costará entregar nuestro producto/servicio?
- ¿Hay algún tiempo de espera por parte de nuestros propios proveedores?
- ¿Habrá alguna reducción de costos debido al escalamiento del negocio?
- ¿Aumentarán los costos a medida que lo escalemos?
- ¿Cuántos recursos se necesitarán para atender la demanda?
- ¿Tendremos proveedores y personal para pagar, cuánto y cuándo?
- ¿Cuánta ganancia obtendremos?

4. Rentabilidad

- ¿Cuánto necesitamos invertir en marketing para lograr un salario digno?

- ¿Cuál será el salario de los dueños/directores del negocio?
- ¿Cuánto necesitamos invertir en marketing para lograr un salario cómodo?

5. Flujo de caja e inversión
- Según las proyecciones, ¿cuándo necesitaremos dinero extra para invertir en el negocio?
- ¿Cuánta inversión necesitamos?
- ¿Para qué se utilizará la inversión?
- ¿Cómo ha valorado su negocio para la inversión?
- Si se financia mediante deuda, ¿cuánto tiempo llevará reembolsar la financiación?
- ¿Cuánta inversión pueden hacer los propietarios en el negocio y cuánto se ha invertido hasta la fecha?

6. Plan de negocios
- ¿Qué obstáculos enfrentará el negocio a medida que crezca?

- ¿Cómo sortearemos esos obstáculos?
- ¿Por qué somos diferentes a los demás proveedores del mercado?

Obstáculos

He incluido este capítulo más como una nota al margen del resto del libro que como una instrucción. En los capítulos anteriores, lo he llevado en un viaje desde el pensamiento sobre su idea de negocio hasta su transformación en una pequeña empresa en etapa previa al crecimiento.

Ahora veremos algunos de los obstáculos que puede enfrentar una empresa en sus primeras etapas.

1) Flujo de caja a corto plazo

2) Encontrar el modelo/negocio adecuado

3) Reputación y darse a conocer

4) Dar el salto desde el empleo

5) No tener la experiencia comercial relevante.

Flujo de caja a corto plazo

Nadie sabe exactamente cuánto dinero necesitarán, pero hay formas de minimizar el impacto en su negocio. El mejor proceso es realizar las etapas de planificación mientras está empleado y mientras recibe un salario de tiempo completo. Si puede administrar su negocio sin dejar de tener un empleo remunerado, elija esa opción.

Aprenda a vivir prácticamente con nada. Reduzca sus gastos, muévase a una casa más pequeña, si le resulta práctico y más barato, luego alquile una habitación en la casa de otra persona, o tal vez si tiene habitaciones libres en su propia casa, alquilelas a otras personas. Intente tener algún tipo de otra fuente de ingresos que ingrese a su hogar, aunque solo sea para pagar los gastos básicos de subsistencia.

A medida que avance en su negocio, no exceda su saldo bancario. Haga esto utilizando su experiencia de prueba como guía para saber cuáles podrían ser sus resultados en el futuro. A medida que pase el tiempo, tus resultados anteriores mejorarán. Siempre que sea posible, utilice únicamente sobregiros y tarjetas de crédito como fondos de emergencia que puedan reponerse en unos pocos días. Son extremadamente caros y su empresa no debería depender de ellos para funcionar. Si es así, cámbielo.

Trate siempre de administrar su negocio como si no pudiera acceder a estas formas de financiación a corto plazo.

Es posible que llegue un momento en el futuro en el que no tenga estas instalaciones disponibles, por lo que configurarlas de esta manera ahora ayudará a que su negocio crezca sin depender de financiación externa.

Encontrar el modelo/negocio correcto

Si has seguido los pasos desde el principio, ya habrás identificado tu tipo de personalidad. Este es probablemente el paso más grande e importante para encontrar el negocio adecuado para usted.

Encontrar el modelo de negocio adecuado es prueba y error hasta conseguirlo perfecto. No quieres ser igual que cualquier otra empresa de la industria, pero tampoco tienes que reinventar la rueda. Simplemente hazlo mejor de una pequeña manera. Cuando inventaron el neumático, no fue para reemplazar la rueda; fue para mejorar la experiencia recibida al usar la rueda. Haga lo mismo con su negocio y tendrá una estrategia ganadora.

Reputación/Darse a conocer

Es difícil darse a conocer en poco tiempo. Su posición ideal es estar en la mente de todos sus clientes objetivo.

Su reputación es lo que hará o deshará su negocio. Vivimos en un mundo en el que a la gente le gusta quejarse y, lamentablemente, a la mayoría también le gusta ser parte del drama. Si ha hecho algo mal, corríjalo inmediatamente o su negocio morirá de la noche a la mañana.

Trabajar con su red de conexiones existente mejorará significativamente sus posibilidades de supervivencia, ya que ya ha generado confianza en ellos.

Concéntrese en brindar una buena experiencia y su negocio crecerá a su debido tiempo.

Dar el salto desde el empleo

Iniciar un negocio por su cuenta no tiene por qué ser el obstáculo aterrador que muchas personas prevén que será el proceso. Haga su planificación mientras aún esté empleado.

Cuando haya completado su planificación y esté listo para comenzar su negocio, siempre vale la pena preguntarle a su empleador si considerará contratarlo a usted o a su empresa como trabajador independiente a tiempo parcial. Esta opción podría ahorrarle dinero a su empleador y también debería brindarle más dinero en su propio bolsillo, dependiendo de las normas tributarias de su país en particular.

Como regla general, debe intentar ahorrar al menos 3 meses de salario, lo que con suerte le dará entre 6 y 9 meses de respiro si ha reducido sus gastos. En este momento también necesitarás el apoyo moral de tu pareja/familia.

Experiencia de negocios

La mayoría de las personas que inician un negocio solo han tenido experiencia práctica y nunca han estado realmente involucradas en el funcionamiento real del negocio en la parte final. Esta es una parte esencial del éxito empresarial y sin "conocimientos empresariales" no durará mucho.

Mientras todavía tenga un empleo remunerado, eche un vistazo para ver si sus autoridades locales o grupos empresariales realizan algún tipo de capacitación inicial, como marketing, administración, creación de redes o conciencia financiera. Esto será invaluable para usted, y la mayoría de las capacitaciones que he visto tienden a ser gratuitas si se une al grupo.

Este también es un buen momento para conocer a otras personas en la misma situación que tú. Es posible que puedas intercambiar ideas e incluso modificar tus ideas existentes para mejorarlas.

Estas otras personas también podrían algún día convertirse en sus clientes potenciales, así que comience a construir relaciones desde el principio.

Como uno de los puntos finales de este capítulo, también me gustaría analizar algunos miedos que a veces impiden que las personas inicien el camino de iniciar su propio negocio.

Estos suelen ser:

- Miedo al fracaso
- Miedo a la quiebra

- Falta de título universitario

Miedo al fracaso

No dejes que el miedo al fracaso te impida perseguir tu objetivo. Mire a los líderes empresariales más importantes del mundo. Muchos de ellos tuvieron algunos fracasos gigantescos durante su tiempo, algunos todavía los tienen ahora.

Utilizan los fracasos como una forma de perfeccionar su modelo de negocio y aprender de la experiencia. El fracaso no es el final de su viaje, es el comienzo de su nuevo viaje de aprendizaje. Mire a algunos de los líderes empresariales más destacados: Simon Cowell, Steve Jobs y Richard Branson. Cometieron errores, pero aprendieron de ellos y finalmente hicieron realidad su sueño.

Miedo a la quiebra

En algún momento en el futuro, puede estar al borde de la quiebra. Esto no significa que debas esperar a que suceda. Sin embargo, le aconsejaría que reduzca la responsabilidad o el impacto negativo para usted y su familia antes de que esto suceda. Puede suceder en cualquier momento; Es posible que su negocio esté volando alto, pero luego se despierta con la noticia de una crisis económica, o un gran cliente decide no pagarle, y BOOM, todo se acabó.

Imagínese despertarse y descubrir que las instalaciones de su negocio han sido quemadas hasta los cimientos. ¿Qué pasaría si un automovilista que pasaba lo atropellara y estuviera en coma durante 3 meses? ¿Cómo sobreviviría su empresa a este tipo de incidentes?

Configure su negocio de tal manera que evite cualquier daño en caso de que le sucedan tales ejemplos, y asegúrese siempre de pagar usted mismo. Si no tiene fondos personales en reserva y sucede lo peor, también terminará en bancarrota personal. Justo cuando pensabas que las cosas no podían empeorar.

Reduzca el riesgo: prepárese con antelación.

Falta de título universitario

Algunos de los nombres más importantes del mundo de los negocios no terminaron la escuela. La mayoría no tiene calificaciones. No dejes que el sistema educativo, con todas sus etiquetas, defina el resto de tu vida. No es necesario ser bueno en la escuela para tener éxito en los negocios. Personalmente creo que funciona al revés.

Encuentre su pasión, use sus fortalezas, trabaje duro y trabaje de manera inteligente. El único grado que necesitas es un grado de perseverancia.

Problemas de salud y discapacidades

A muchos de los empresarios más importantes del mundo también se les ha diagnosticado todo tipo de afecciones y etiquetas. Ya sea dislexia, dispraxia, TDAH, autismo, diabetes o una gran cantidad de otras discapacidades físicas. Estas personas se convirtieron en multimillonarios a pesar de ser etiquetadas con estas condiciones. Muchas de estas etiquetas son creadas por el sistema para evitar que "los brillantes" hagan que suceda algo en sus vidas.

Hay una razón espiritual detrás de esto, que es tema para otro libro. No dejes que el sistema defina cómo vives tu vida o qué puedes lograr. El sistema está diseñado para producir esclavos robóticos compatibles.

Es hora de dar un paso adelante. Fuiste puesto en este planeta para algo más grande de lo que puedes imaginar ahora. Deja de poner excusas en el camino y sigue adelante.

Conclusión

A lo largo de este libro, hemos analizado los pasos para transformar sus ideas de negocio en realidad. Nunca es un proceso fácil, pero definitivamente es un desafío. Si disfrutas de nuevos desafíos, disfrutarás este proceso. Si considera que los desafíos son algo negativo, entonces iniciar un negocio no es lo adecuado para usted.

No te mentiré. Habrá días en los que desearás no haber comenzado este viaje. Todos los días te cerrarán puertas en la cara, tendrás gente negativa a tu alrededor que te dirá las razones por las que no puedes hacerlo o no funcionará. Depende de usted cómo sortear esta negatividad. Para mí, personalmente, es un verdadero desgaste emocional. Prefiero alejarme por completo de las conversaciones negativas. Su visión de la vida se basa en su propia capacidad para cambiar una situación, no en la tuya, así que no te des cuenta y sigue adelante.

Si fracasas, aprende de la experiencia y haz las cosas de manera diferente la próxima vez para evitar cometer los mismos errores. Quítese el polvo, duerma y luego comience de nuevo al día/semana/mes/año siguiente.

Volver a tener un empleo remunerado afectará seriamente su confianza en sí mismo; es mucho peor que el sentimiento inicial de fracaso, así que, si es posible, vuelva a salir y comience su negocio de nuevo tan pronto como pueda.

Te enfrentarás a un nuevo problema todos los días. Durante los primeros años, no tendrás dinero. Aprenderá a vivir con muy poco dinero y aprenderá mucho más sobre negocios de lo que podría aprender en la universidad o en un empleo remunerado. Con suerte, si sigue algunos de los consejos de este libro, no comenzará su viaje a ciegas. Doy la bienvenida a cualquiera que se ponga en contacto conmigo y me cuente cómo le va en su propio viaje.

Cuando se haya establecido en su mercado, eche un vistazo a mi próximo libro, *'EXPANDER: Los 7 pasos fundamentales para hacer crecer su negocio'*, que le llevará a la siguiente etapa de su recorrido empresarial.

Sobre el Autor

Wayne Fox es un renovador de negocios, disruptor de la industria, desarrollador de propiedades comerciales, futurista, autor de best-sellers e inversor. Director del grupo Enyaw, una firma de inversión con sede en el Reino Unido que invierte en *'estilo de vida de libertad'* empresas. Tiene experiencia en lograr un crecimiento de ingresos de 7 y 8 cifras en proyectos de PYME anteriores.

Mis enlaces en línea:

Sitio web de Wayne Fox: www.wayne-fox.co.uk

Grupo Enyaw: www.enyawgroup.com

Capital Enyaw: www.enyawcapital.com

Propiedad Enyaw: www.enyawproperty.co.uk

Linkedin:https://www.linkedin.com/in/waynefoxuk

Gorjeo: https://twitter.com/WayneFoxUK1

Instagram:https://www.instagram.com/waynefoxuk

YouTube:https://www.youtube.com/@WayneFoxUK

Udemy:https://www.udemy.com/user/wayne-fox-6

www.ingramcontent.com/pod-product-compliance
Lightning Source LLC
Chambersburg PA
CBHW052317220526
45472CB00001B/159